Bibliografische Information der Deutschen Nationalbibliothek:
Die Deutsche Nationalbibliothek verzeichnet diese Publikation
in der Deutschen Nationalbibliografie; detaillierte bibliografische
Daten sind im Internet über www.dnb.de abrufbar.

© 2023 oekom verlag, München
oekom – Gesellschaft für ökologische Kommunikation mbH
Goethestraße 28, 80336 München

Layout, Satz und Grafik: Bloom GmbH, München
Redaktion und Textgestaltung: Die Wortstatt, München
Fotos der Autoren: Jessica Maiwald
Korrektur: Maike Specht
Umschlaggestaltung: Laura Denke, oekom verlag
Umschlagabbildung: © Bloom GmbH
Druck: Friedrich Pustet GmbH & Co. KG, Regensburg

Alle Rechte vorbehalten
ISBN 978-3-98726-060-5

Ein Buch von Peter Blenke und Christian Reisinger

KLIMAKURVE KRIEGEN

Was wir jetzt tun können, um unsere Klimaziele noch zu erreichen

 oekom

Liebe Leserin, lieber Leser ...

»Es ist schon alles gesagt, nur noch nicht von allen.« Mit diesem Zitat von Karl Valentin möchten mein Co-Autor Dr. Christian Reisinger und ich Ihnen ganz fest versprechen, Sie nicht noch ein weiteres Mal über die Ursachen und Folgen des Klimawandels aufklären zu wollen. Darüber haben renommierte Wissenschaftler, Experten, Politiker und Aktivisten in den letzten 50 Jahren schon sehr viel geschrieben, insbesondere seit Erscheinen des Berichts an den Club of Rome mit dem Titel *Die Grenzen des Wachstums* im Jahr 1972. Es gibt kaum ein aktuelles Themenfeld, zu dem so viel Wissen und Evidenz existiert wie zum menschengemachten Klimawandel. Wir wissen, dass wir handeln müssen, wir erleben und kennen die Folgen, und doch tun wir im Verhältnis zu dem, was wir tun müssten, viel zu wenig.

Aber warum ist das so? Die Verhaltensforschung nennt dieses weitverbreitete Phänomen der Lücke, die zwischen Wissen und Handeln klafft, Knowing-Doing-Gap. Und genau dieses Paradoxon hat uns angetrieben, das Buch *Klimakurve kriegen* zu schreiben.

Unsere Gesellschaft befindet sich in einem permanenten Krisenmodus, und es scheint immer schwieriger zu werden, dieses Knowing-Doing-Gap zu schließen und endlich ins Handeln zu kommen. Vielleicht sind wir von der enormen Größe der Aufgaben schlicht überfordert. Eingeschüchtert verharren wir reglos wie das Kaninchen vor der Schlange. Anders ausgedrückt: Wir befinden uns in einer Veränderungskrise, die viele Themen umfasst – Klima, Krieg, Energie, Wasserknappheit, Wetterextreme bis hin zu Inflation und einer Wirtschaft im Sinkflug. Das Problem ist: Die Menschen mögen keine Veränderungen und Krisen schon gleich gar nicht. Wie bringen wir also das Kaninchen, das reglos auf die Schlange starrt, endlich dazu, sich zu bewegen und in die richtige Richtung zu laufen? Wie können wir das Knowing-Doing-Gap überwinden? Zur Beantwortung dieser Fragen wollen wir mit *Klimakurve kriegen* einen Beitrag leisten. Und zwar aus der Praxis für die Praxis.

Dr. Christian Reisinger und ich kommen aus der mittelständischen Wirtschaft und beschäftigen uns seit vielen Jahren damit, Geschäftsmodelle nachhaltig zu transformieren. Wir haben lernen müssen, mit bürokratischen Hürden und regulatorischem Chaos umzugehen sowie festgefahrene Überzeugungsbarrieren zu überwinden. Im eigenen Betrieb und in der Beratung anderer Unternehmen.

Auf Basis dieser Erfahrungen wollen wir Sie alle – egal, ob Sie für Ihr Unternehmen oder privat Entscheidungen treffen – mit unserem Buch ermutigen und einladen, einen Perspektivenwechsel vorzunehmen. Betrachten wir die Herausforderungen also nicht aus dem Problemblickwinkel, sondern aus der

Möglichkeitenperspektive. Nutzen wir dabei zuallererst die Hebel, die uns heute schon zur Verfügung stehen. Sie werden erstaunt sein, wozu wir allein damit schon jetzt gemeinsam in der Lage sind.

Wir haben die Kapitel entsprechend dem Bundes-Klimaschutzgesetz in die darin enthaltenen fünf Sektoren Energie, Industrie, Gebäude, Verkehr sowie Ernährung und Landwirtschaft gegliedert. Da jedoch die alleinige Einsparung von CO_2 nicht ausreichen wird, um die Pariser Klimaziele zu erreichen, haben wir noch ein sechstes Kapitel ergänzt: CO_2-Senken. Hier geht es um Möglichkeiten und Technologien, wie wir CO_2 wieder aus der Atmosphäre entnehmen und dauerhaft speichern können. Wir beschreiben in jedem Kapitel des Buches nicht nur, wie der aktuelle Stand der Dinge ist, wir zeigen auch auf, welche Ziele angegangen werden müssen, was wir als Privatpersonen und als Unternehmen aktiv tun können und wie viel das jeweilige Handeln zur Reduktion von Treibhausgasen beiträgt. Es geht nicht um Aktionismus, sondern um Wirkung.

Aus unserer Praxiserfahrung heraus sind wir von dem Paretoprinzip überzeugt. Dieses besagt, dass wir mit 20 Prozent des Aufwands bereits 80 Prozent eines Ziels erreichen können – natürlich mit den richtigen Prioritäten. Das gilt auch für das Thema Klimaneutralität: Wenn jede und jeder Einzelne nur jeweils 20 Prozent Aufwand investieren würde, wären bereits 80 Prozent der Strecke zum Ziel geschafft. Es ist ein bisschen so wie beim Hürdenlauf: Es geht nur Hürde für Hürde. Aber Sie werden merken, es geht. Wir sind fest davon überzeugt, dass wir in unserer Gesellschaft viel mehr Zustimmung, Handlungs- und Veränderungsbereitschaft hätten, wenn wir uns den Netto-Null-Emissionen im Jahr 2045 in kleineren Etappen mit realistischen Teilzielen nähern würden.

Wenn wir es zudem schaffen, gemeinsam eine Dynamik zu entwickeln und Etappe für Etappe mehr Zustimmung und Mitstreiter zu gewinnen, rückt das Ziel in greifbare Nähe.

Wir wünschen Ihnen viel Inspiration beim Lesen und hoffentlich die eine oder andere neue Erkenntnis.

Ihr Peter Blenke

Inhaltsverzeichnis

CO$_2$-Senken $\qquad$ 131

Energie

Wo wir stehen

Energie ist aus unserem Leben nicht wegzudenken. Wie selbstverständlich schalten wir täglich das Licht an, freuen uns über eine warme Dusche, lassen Kaffee durch die Maschine laufen, lesen die Nachrichten auf unserem Smartphone, fahren mit dem Auto, dem E-Bike oder dem Zug zur Arbeit, bedienen dort Computer oder Maschinen ...

Doch Strom kommt nicht einfach aus der Steckdose, sondern muss erst einmal erzeugt werden. Seit Beginn der Industrialisierung – mit der Patentierung der von James Watt verbesserten Dampfmaschine 1769 – geschieht dies hauptsächlich durch die Verbrennung von fossilen Energieträgern wie Kohle, Erdöl und Erdgas. Dabei wird CO_2 ausgestoßen, das in die Atmosphäre gelangt und den natürlichen Treibhauseffekt verstärkt. Die schwerwiegende Folge ist: Die Erde erwärmt sich zunehmend – mit verheerenden Auswirkungen für Mensch, Natur, Umwelt und Klima. Die Förderung fossiler Energie ist damit die eigentliche Ursache des menschengemachten Klimawandels.

Deutschland ist heute für etwa zwei Prozent des weltweiten Energieverbrauchs verantwortlich. Das mag zwar wenig klingen, doch bedenkt man, dass Deutschland nur circa ein Prozent der Weltbevölkerung stellt, bedeutet das, dass der Pro-Kopf-Energieverbrauch etwa doppelt so hoch ist wie der Weltdurchschnitt. Das gilt auch für den CO_2-Fußabdruck, der mit circa zehn Tonnen CO_2 pro Person ebenfalls das Doppelte des Weltdurchschnitts beträgt.

Hinzu kommt, dass die Jahre 2020 und 2021, energietechnisch gesehen, absolute Ausnahmejahre waren: Coronapandemie und Ausgangsbeschränkungen führten zu einer verstärkten Nutzung von Homeoffice, sinkenden Verkehrsaufkommen und Produktionsreduzierungen in der Industrie. Und da Fernreisen praktisch unmöglich waren, ging auch der Verbrauch an Flugbenzin signifikant zurück. Im Jahr 2022 mussten wir dann mit weiteren Folgen aufgrund des russischen Angriffskriegs auf die Ukraine kämpfen, wie dem Stopp russischer Gasimporte, gestiegenen Energiepreisen und den damit verbundenen Maßnahmen zur Bekämpfung der Energiekrise.

Im Ergebnis ist der Gesamtenergieverbrauch Deutschlands im Jahr 2022 im Vergleich zum Vorjahr um etwa fünf Prozent gesunken, vor allem durch den Rückgang des Erdgasverbrauchs um 14 Prozent. Allerdings wurde Gas insbesondere im Bereich der Stromerzeugung teilweise einfach durch andere Energieträger wie schmutzige Kohle ersetzt.[1]

Die gute Nachricht ist: Seit der Wiedervereinigung konnte Deutschland seinen Energieverbrauch um etwa 20 Prozent senken. Im Jahr 2022 haben wir insgesamt etwa 3.300 Terawattstunden Energie verbraucht – das ist etwa die

300-fache Menge an Energie, die das Kernkraftwerk Isar 2 pro Jahr in das deutsche Stromnetz einspeiste. Und auch im Vergleich zum Vorjahr ist der Energieverbrauch um rund fünf Prozent zurückgegangen, obwohl sich die Bevölkerungszahl – primär durch die geflüchteten Menschen aus der Ukraine – um etwa eine Million erhöht hat.

Woher kommt unsere Energie?

Der Begriff Energie stammt aus dem Griechischen und bedeutet so viel wie »wirkende Kraft«. Ohne sie stünde unsere gesamte Wirtschaft still und unser Alltag auch. Denn Energie ist nötig, um etwas in Bewegung zu setzen, zu beschleunigen, zu beleuchten oder zu erwärmen.

Die Sonne ist unsere älteste Energiequelle und war über Milliarden von Jahren die einzige Wärme- und Lichtquelle auf der Erde. Sie gehört neben Wind, Wasserkraft, Geothermie, Bio- und Meeresenergie (erneuerbaren Energien) sowie Kernkraft zu den nichtfossilen Energieträgern. Zusammen mit den fossilen Energieträgern (Erdöl, Erdgas, Braun- und Steinkohle) stellen diese heute die sogenannten Primärenergieträger dar. Auch fossile Energieträger stammen aus der Natur, denn sie sind über Millionen von Jahren unter bestimmten Bedingungen aus Biomasse, das heißt hauptsächlich aus verendeten Tieren und abgestorbenen Pflanzen entstanden.

Primärenergiemix in Deutschland

Obwohl wir uns in Deutschland bereits seit vielen Jahren um eine Energiewende bemühen, stammt der Großteil unserer Energie nach wie vor aus fossilen Energiequellen: 83 Prozent unseres Energieverbrauchs werden von fossilen Energieträgern produziert, mit der Folge, dass seit Beginn der Industrialisierung (in Deutschland ab Mitte des 19. Jahrhunderts) die CO_2-Konzentration in der Atmosphäre bereits um 50 Prozent gestiegen ist.[2]

Mehr als ein Drittel der gesamten Energie beziehen wir dabei aus Erdöl, das wir mit einem Anteil von 98 Prozent[3] fast vollständig aus dem Ausland importieren. Etwa die Hälfte davon wird als Benzin, Diesel oder Kerosin für den Verkehrssektor eingesetzt, während der Rest für die Wärmegewinnung (Heizöl) oder die Herstellung von chemischen Grundstoffen wie Petroleum oder Propylen verwendet wird.

Erdgas stellte im Jahr 2022 fast 24 Prozent der Energie zur Verfügung, die in Deutschland verbraucht wurde. Erdgas wird im Wesentlichen für die Bereitstellung von Wärme zum Beispiel in Heizungen und in der Industrie verwendet, aber auch für die Erzeugung von Strom in Gaskraftwerken.

Die drittwichtigste Energiequelle ist Kohle (Braunkohle und Steinkohle) mit einem Anteil von fast 20 Prozent. Der Großteil (ca. 90 Prozent) wird für die Herstellung elektrischer Energie verwendet.

Gut 17 Prozent unseres Energieverbrauchs stammten 2022 aus erneuerbaren Energien. Die größte Rolle spielt dabei mit einem Anteil von circa 50 Prozent

Primärenergieverbrauch in Deutschland 2022[*]

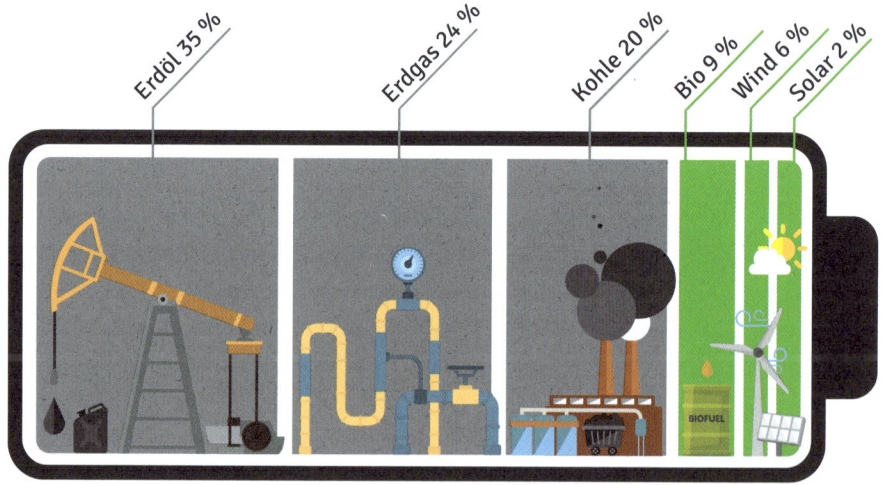

Erdöl 35 % Erdgas 24 % Kohle 20 % Bio 9 % Wind 6 % Solar 2 %

In Deutschland machen fossile Energieträger – trotz jahrzehntelanger Anstrengungen in Richtung Energiewende – immer noch mehr als 83 % des gesamten Energieverbrauchs aus.

*3,2 % entfielen 2022 auf Kernenergie (Abschaltung April 2023), 1 % auf sonstige Energieträger.

Quelle: Bloom GmbH nach FNR/AGEB

die Biomasse und nicht – wie man vielleicht erwarten würde – Windkraft (28 Prozent) und Sonnenenergie (12 Prozent). Zur Biomasse zählen neben Biogas etwa auch Holzpellets und biologische Abfälle, die im Bereich der Wärmeerzeugung eingesetzt werden.

Der Anteil der Kernenergie lag bereits 2022 nur noch bei drei Prozent, seit Abschalten der letzten drei Kernkraftwerke im April 2023 liegt er inzwischen bei null Prozent.[4]

Aber lassen wir uns nicht täuschen. Vergleicht man die Zahlen auf internationaler Ebene, liegt Deutschland mit einem Anteil von 17 Prozent an erneuerbaren Energien am gesamten Energiemix in Wahrheit nur leicht über dem weltweiten Durchschnitt von 13 Prozent. Der vermeintliche »Musterschüler der Energiewende« steht damit verhältnismäßig schlecht da. Tatsächlich ist hier der Spitzenreiter – wer hätte es gedacht – Brasilien mit einem Anteil von 48 Prozent des Endenergieverbrauchs, neben der Wasserkraft sind Wind und Solar dort die beiden Hauptquellen für erneuerbare Energien. Gefolgt von Indien mit 33 Prozent und Kanada mit 22 Prozent (Zahlen aus 2019).[5]

Stromerzeugung in Deutschland

Betrachtet man nur den Bereich der Stromerzeugung in Deutschland, sehen die Zahlen etwas erfreulicher aus. Hier liegen wir mit einem Anteil von über 40 Prozent erneuerbaren Energien deutlich über dem weltweiten Durchschnitt, der bei etwa 25 Prozent liegt. Doch auch hier ist noch viel Luft nach oben: Norwegen und Island schaffen es aufgrund günstiger Bedingungen sogar auf beachtenswerte 99 Prozent.[6] Und: Deutschland ist bei der Stromerzeugung trotzdem nach wie vor stark von Kohle abhängig. Sechs (!) der zehn größten und schmutzigsten Kohlekraftwerke Europas stehen in Deutschland. Gerade die Erzeugung von Strom aus Braunkohle ist besonders klimaschädlich, da jede Kilowattstunde Strom, die aus Braunkohle gewonnen wird, mit über einem Kilogramm CO_2 fast dreimal so hohe CO_2-Emissionen verursacht wie eine Kilowattstunde, die aus Erdgas gewonnen wird. Das führt dazu, dass die durchschnittlichen Emissionen je Kilowattstunde erzeugten Stroms in Deutschland – unter Berücksichtigung aller vorgelagerten Emissionen wie Förderung, Verarbeitung und Transport der Kraftstoffe – immer noch bei fast 500 Gramm CO_2 liegen.[7]

Wofür nutzen wir Energie?

Etwa 30 Prozent und damit der Großteil der Energie wird in privaten Haushalten für die Erzeugung von Raumwärme und Warmwasser verbraucht. Fast der gleiche Anteil (28 Prozent) entfällt auf den Bereich Verkehr, dicht gefolgt von der Industrie (26 Prozent). Mit 16 Prozent verbraucht das Gewerbe etwas weniger.[8] Diese Verteilung schließt auch alle Primärenergiequellen mit ein, also etwa auch Erdgas, Heizöl und Kraftstoffe, die direkt für die Wärmeerzeugung und Mobilität genutzt, aber nicht »verstromt« werden. Betrachtet man nur den Stromverbrauch der einzelnen Sektoren, stehen Industrie und Gewerbe mit drei Viertel des Stromverbrauchs an der Spitze, während in privaten Haushalten nur etwa ein Viertel des Gesamtstroms bezogen wird. Der Verkehrssektor verbraucht derzeit nur etwa 28 Prozent, wegen der zunehmenden Verbreitung von Elektroautos ist hier jedoch zukünftig ein starker Anstieg zu erwarten.

Verbrauchermix

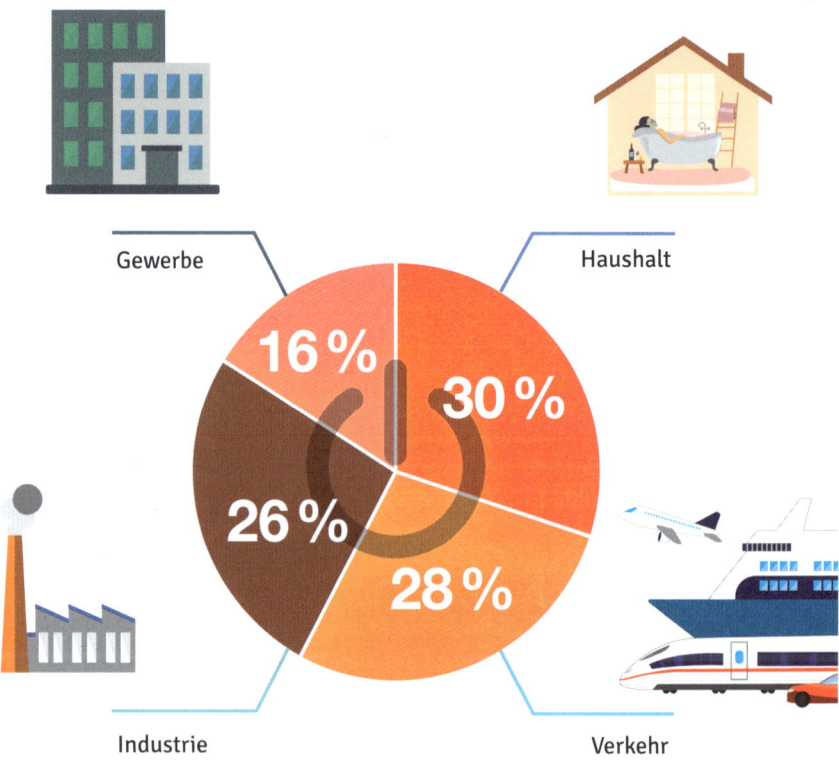

Private Haushalte verbrauchen einen Großteil der Energie, dicht gefolgt vom Bereich Verkehr und der Industrie.

Quelle: https://www.umweltbundesamt.de/sites/default/files/medien/384/bilder/2_abb_eev-sektoren_2022-12-16.png

Schon gewusst?

Die Sonne liefert uns jeden Tag etwa achtmal mehr Energie, als die Menschheit in einem Jahr verbraucht.

Würde man die für Photovoltaik effektiv nutzbare Dachfläche Berlins (44 Millionen Quadratmeter) mit Solarpanelen bestücken, könnte etwa die Hälfte des Stromverbrauchs der Stadt gedeckt werden.

Der Anteil von erneuerbaren Energien am Endenergieverbrauch in Deutschland liegt bei nur 17 Prozent, in Brasilien sind es fast 48 Prozent.

Energie misst man meist in Kilowattstunden. Das ist die Energiemenge, die notwendig ist, um ein Gerät mit einer Leistung von 1.000 Watt (zum Beispiel einen Wasserkocher) eine Stunde lang betreiben zu können.

kWh

Ein Mittelklassewagentank mit 70 Liter Volumen enthält etwa 700 Kilowattstunden Energie. Ein Elektroauto könnte mit dieser Energiemenge etwa 3.500 Kilometer fahren. Ein Verbrenner schafft damit nur etwa 1.200 Kilometer, weil der Großteil der Energie in Form von Wärme verloren geht.

CO_2

Die CO_2-Emissionen verschiedener Energieträger unterscheiden sich deutlich. Wird Strom aus Braunkohle gewonnen, entstehen pro Kilowattstunde – im Vergleich zu Erdgas – fast dreimal so hohe CO_2-Emissionen.

Unsere Energieinfrastruktur ist eines der größten und komplexesten zusammenhängenden und minutiös aufeinander abgestimmten Systeme.

Wo wir hinwollen

Die gesamten CO_2-Emissionen Deutschlands beliefen sich im Jahr 2022 auf etwa 746 Millionen Tonnen. Das ist immer noch viel, aber immerhin eine Reduktion von über 40 Prozent gegenüber dem Referenzjahr 1990. Zum Vergleich: Weltweit haben die Emissionen im gleichen Zeitraum um circa 60 Prozent zugenommen.

Der Großteil davon (620 Millionen Tonnen CO_2) sind energiebedingte Emissionen. Trotz der deutlichen Energieeinsparungen sind die Emissionen im vergangenen Jahr insgesamt gestiegen, da Erdgas und andere Energieträger durch die deutlich klimaschädlichere Kohle ersetzt wurden.

Um unsere Klimaziele zu erreichen, dürfen die Gesamtemissionen im Jahr 2030 nur noch 436,8 Millionen Tonnen betragen (65 Prozent Reduktion, bezogen auf 1990). Bis 2045 müssen sie sogar praktisch auf null zurückgehen.

Der Umbau unserer Wirtschaft in Richtung Klimaneutralität ist damit nichts weniger als der größte Transformationsprozess seit Beginn der Industrialisierung. Um dieses Ziel zu erreichen, haben wir nur drei Hebel:

- massiver Ausbau der erneuerbaren Energien und der dazugehörigen Infrastruktur wie der Energiespeicherung
- Senkung des Energieverbrauchs durch höhere Energieeffizienz
- Elektrifizierung vieler vormals nicht elektrischer Prozesse

… unsere Energieinfrastruktur (Speicherung, Leitungsnetze, Schwankungen) für den steigenden Energiebedarf umbauen?

… unsere Energieerzeugung zu 100 % auf erneuerbare Energien umstellen?

… bei Politik, Unternehmen und Bürgern die notwendige Akzeptanz für die bevorstehende Transformation schaffen?

Was wir tun müssen

Eine erfolgreiche Energiewende ist das Herzstück der Transformation in Richtung Klimaneutralität. Elektrifizierung gilt als einer der wichtigsten Hebel, um unsere Prozesse zu dekarbonisieren – ob in der Industrie, im Verkehr oder im Gebäudesektor. Damit dies rechtzeitig gelingt, müssen wir alle uns zur Verfügung stehenden Möglichkeiten auf allen Ebenen nutzen – und zwar *gleichzeitig*. Denn ob Staat, Unternehmen oder Privatperson: Energie benötigen wir alle, wir können aber auch selbst viel zur Energiewende beitragen.

Was der Staat leisten muss

Unsere Energieinfrastruktur ist minutiös aufeinander abgestimmt und auch in ihrer Komplexität eines der größten zusammenhängenden Systeme. Es ist über einen Zeitraum von mehr als 100 Jahren entstanden und reicht weit über die Landesgrenzen hinaus – die Wochenzeitung *The Economist* bezeichnete das Stromnetz einmal als die größte Maschine, die die Menschheit jemals geschaffen hat.[9]

Ein solch umfassendes System, das durch eine Vielzahl unterschiedlicher Akteure mit unterschiedlichen Interessen geprägt ist, kann nicht allein durch Anreize und Regularien transformiert werden. Vielmehr spielt der Staat hier eine Schlüsselrolle, noch mehr als in anderen Sektoren: Er muss die Rahmenbedingungen für die Energiewende definieren und als planende und gestaltende Kraft langfristig die Entscheidungen der wirtschaftlichen Akteure beeinflussen und in die richtige Richtung lenken – klingt utopisch, ist aber machbar! Dies muss maßgeblich durch drei Strategien geschehen: 1) die richtigen Anreize setzen, 2) Schlüsseltechnologien skalieren, 3) smarte Infrastruktur schaffen.

Die richtigen Anreize setzen
Welche Anreize der Staat setzt – positiv wie negativ, beeinflusst sehr stark die Entscheidungsfindung von Marktteilnehmern.

Nun ist der Staat aber kein einheitlicher, in sich schlüssiger Akteur. Gerade in einem föderalen System wie in Deutschland ist wegen der drei Handlungsebenen Bund, Länder und Kommunen eine zentrale Planung in vielen Bereichen praktisch unmöglich. Die Fragestellung ist daher nicht, wie die perfekte Lösung aussehen könnte, sondern vielmehr, wie auf Basis der bestehenden föderalen Strukturen und innerhalb unseres politischen Systems ein schnelles und effektives Vorankommen im Klimaschutz möglich ist.

Um zu verstehen, welche Rolle falsch gesetzte Anreize bei der Beschleunigung des Klimawandels spielen können, lohnt sich ein kurzer Exkurs: Nach Ansicht von Ökonomen steht der Marktmechanismus, der unserer Volkswirtschaft zugrunde liegt, dem Erreichen von Umwelt- und Nachhaltigkeitszielen nicht grundsätzlich entgegen. Damit er aber funktioniert, müssten die Preise von Gütern und Dienstleistungen allerdings neben den Herstellungskosten auch die realen Kosten für die Gesellschaft abbilden – einschließlich der Kosten, die etwa in Form von umweltbedingten Gesundheitsrisiken, Ernteausfällen oder Schäden am Ökosystem entstehen. Diese sogenannten externen Kosten sind jedoch nicht Bestandteil der Preisbildung in der freien Marktwirtschaft, vielmehr richtet sich der Preis auf dem Weltmarkt hauptsächlich nach dem Prinzip »Angebot und Nachfrage«. Genau das war während der Coronapandemie gut sichtbar, als der Preis für einen Liter Diesel an der Tankstelle zeitweise unter einen Euro gefallen war.

Die Unfähigkeit, externe Kosten in der Preisbildung zu berücksichtigen, wird von Ökonomen auch als »Marktversagen« bezeichnet. Und das kann nur korrigiert werden, wenn der Staat beziehungsweise überstaatliche Regularien eingreifen – zum Beispiel durch eine CO_2-Abgabe, die fossile Energieträger im Vergleich zu erneuerbaren Energien wirtschaftlich uninteressant macht. Seit 2021 gibt es in Deutschland eine CO_2-Steuer auf fossile Brennstoffe, die dazu führt, dass, wer ein Auto fährt, das nicht rein elektrisch betrieben wird, oder seine Wohnung mit Gas oder Öl heizt, zusätzliche Abgaben zahlen muss. Der zugrunde liegende CO_2-Preis wurde 2021 auf 25 Euro je Tonne CO_2 festgelegt. Gleichzeitig wurde entschieden, dass der Preis bis 2025 schrittweise auf 55 Euro je Tonne CO_2 steigen soll. Um aber eine wirkliche Steuerungswirkung zu entfalten, ist das viel zu wenig: Nach einer Berechnung des Umweltbundesamtes liegen die externen Kosten je Tonne CO_2 zwischen 237 und 809 Euro.[10] Ein Liter Diesel müsste somit aus rein ökonomischer Perspektive zwischen 0,63 Euro und 2,14 Euro teurer sein als aktuell, um tatsächlich die externen Kosten im Preis zu berücksichtigen. Dennoch ist die aktuelle CO_2-Steuer ein Schritt in die richtige Richtung, um das Marktversagen sozialverträglich zu korrigieren.

Sehr deutlich zeigt sich die Widersprüchlichkeit staatlichen Handelns allerdings erst bei einem Blick auf die Subventionen für fossile Energie: Immer noch fördert der Staat jedes Jahr fossile Energieträger mit einem Betrag von unglaublichen 70 Milliarden Euro[11] – das ist mehr, als für die staatliche Förderung erneuerbarer Energie ausgegeben wird. Durch diese Subventionen verstärkt der Staat das Marktversagen sogar noch (statt es zu reduzieren) – und macht sich gleichzeitig finanziell und politisch abhängig von Energieimporten. Würde der Staat hier anders agieren, ergäbe sich ein massives Potenzial für den Ausbau erneuerbarer Energien – oder in den Worten von Ökonom Marcel Fratzscher ausgedrückt:

»70 Milliarden Euro weniger an Subventionen und zusätzlich jedes Jahr mehr Einnahmen durch eine faire Besteuerung fossiler Energieträger würden auf einen Schlag alle Sorgen der [...] Bundesregierung über die Finanzierung der ökologischen Transformation lösen.«[12]

Dass das prinzipiell möglich ist, zeigt das Beispiel Dänemark. Dort wurde schon vor vielen Jahren eine CO_2-Steuer auf fossile Brennstoffe eingeführt, und aktuell ist auch eine CO_2-Steuer für Unternehmen im Gespräch. Bereits jetzt ist nachweisbar, dass eine solche Maßnahme – zum Beispiel in Bezug auf Investitionen – stark in Richtung Nachhaltigkeit lenkt.

Climate Change Performance Index 2023

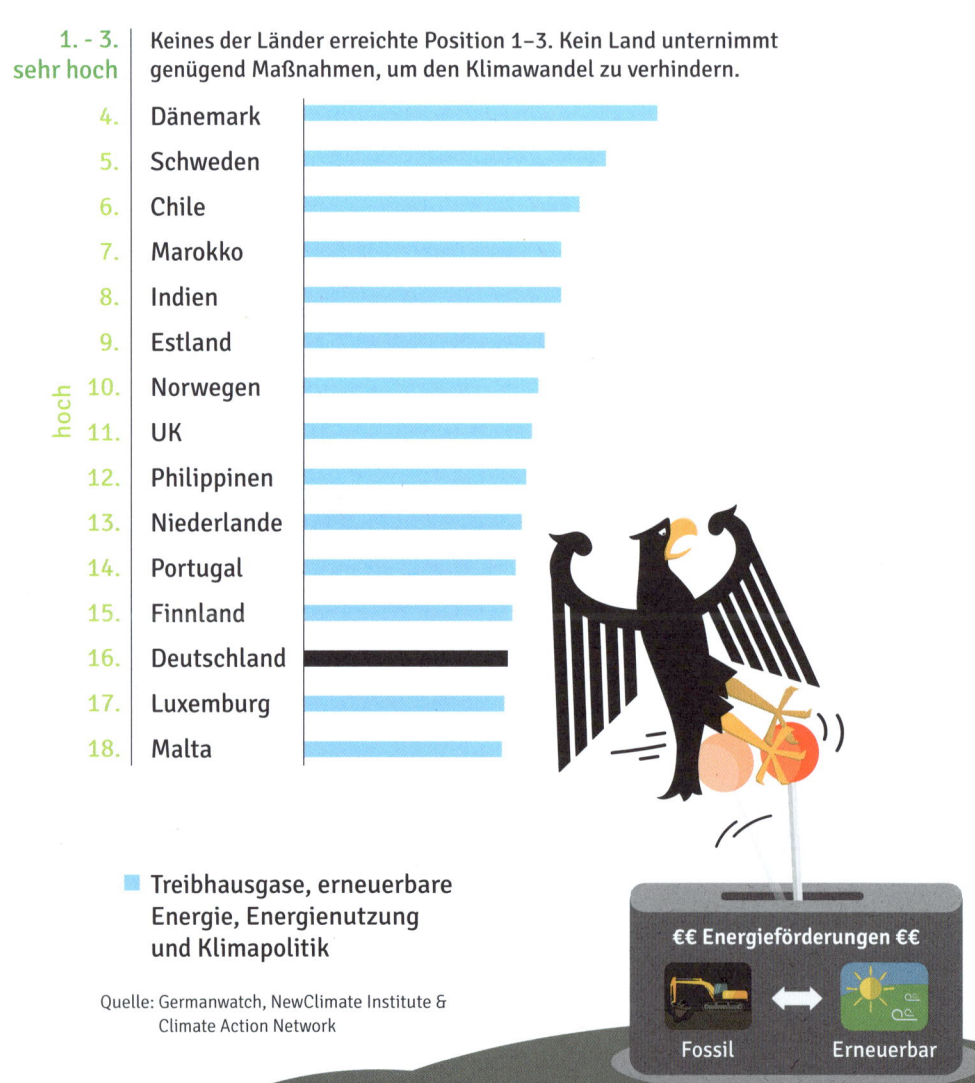

1. - 3. sehr hoch	Keines der Länder erreichte Position 1–3. Kein Land unternimmt genügend Maßnahmen, um den Klimawandel zu verhindern.	
4.	Dänemark	
5.	Schweden	
6.	Chile	
7.	Marokko	
8.	Indien	
9.	Estland	
10.	Norwegen	
11.	UK	
12.	Philippinen	
13.	Niederlande	
14.	Portugal	
15.	Finnland	
16.	Deutschland	
17.	Luxemburg	
18.	Malta	

hoch

■ Treibhausgase, erneuerbare Energie, Energienutzung und Klimapolitik

Quelle: Germanwatch, NewClimate Institute & Climate Action Network

€€ Energieförderungen €€

Fossil ⟷ Erneuerbar

Neben diesen großen Anreizen sollte sich der Staat auch für eine dringend notwendige Deregulierung einsetzen, da Bürokratie und Regulierung nach wie vor als große Hindernisse bei der Umsetzung von Klimaschutzmaßnahmen wahrgenommen werden. Grundsätzlich ist Rechtssicherheit ein hohes Gut moderner Gesellschaften und nützt gerade der Wirtschaft. Deutschland hat aber schon längst einen Zustand erreicht, in dem die Nachteile größer werden als die Vorteile. Insbesondere verschlechtern sich die Standortbedingungen aus Sicht der Unternehmen zusehends.

Schlüsseltechnologien skalieren

Wissenschaftler sind sich einig, dass wir alle Schlüsseltechnologien für die Erreichung unserer Klimaziele bereits in den Händen halten. Denn global betrachtet, haben wir kein Energieproblem auf der Welt: Die Sonne liefert uns jeden Tag etwa achtmal mehr Energie, als die Menschheit in einem Jahr verbraucht.[13] Hinzu kommen noch Windkraft, Wasserkraft, Geothermie und Gezeiten. Es besteht also kein Grund, viel Zeit und Geld in ein Technologiewunder wie die Kernfusion zu investieren, die auch nach jahrzehntelanger Forschung noch weit weg von wirtschaftlich und technologisch nutzbaren Konzepten ist. Der Staat sollte sich darauf konzentrieren, den Ausbau der verfügbaren Technologien zur Energieerzeugung massiv auszubauen – insbesondere in Bezug auf Windkraft, Photovoltaik und Geothermie:

Windkraft gilt in Deutschland als das signifikanteste Symbol für die Energiewende und eine lebenswerte Zukunft, denn anders als Photovoltaikanlagen oder Geothermiekraftwerke sind Windräder über viele Kilometer sichtbar. In manchen Regionen prägen sie das Landschaftsbild maßgeblich.

Gerade in Deutschland bietet Windkraft gegenüber anderen Formen der erneuerbaren Energie viele Vorteile, der wichtigste ist: Wind weht prinzipiell immer – wenn auch mit starken Schwankungen, während beispielsweise Photovoltaikanlagen nur tagsüber und primär in den Sommermonaten ausreichend Strom liefern können. Dies ist einer der Gründe, warum der Bau von Windanlagen stark forciert wurde, insbesondere nach dem beschlossenen Atomausstieg 2011. Während in den Jahren zwischen 2000 und 2012 jährlich etwa 1.800 bis 3.000 Megawatt Leistung hinzugekommen waren, lag der jährliche Zuwachs an Windkraftanlagen in den Spitzenzeiten zwischen 2014 und 2017 bei annähernd 6.000 Megawatt pro Jahr. In diesem Zeitraum war auch erstmals ein starker Anstieg im Ausbau von Offshore-Anlagen (Windkraftanlagen, die sich auf dem Meer mit einem gewissen Abstand zur Küste befinden) zu verzeichnen.[14] Leider fielen die Ausbauquoten anschließend wieder stark, in den Jahren 2020 und 2021 sogar sehr stark auf unter 2.000 Megawatt pro Jahr und damit auf das Niveau vor 2011. Erst im Jahr 2022 war wieder ein stärkerer Anstieg zu verzeichnen, der jedoch nicht einmal die Hälfte der Steigerung von 2017 erreicht hat.

Aktuell sind in Deutschland über 30.000 Windkraftanlagen mit einer installierten Gesamtleistung von circa 66 Gigawatt in Betrieb.[15] Würde der Wind immer so stark wehen, dass die Anlagen voll ausgelastet sind, könnten wir alleine damit fast unseren gesamten Strombedarf decken (circa 560 Terrawattstunden). Tatsächlich gab es bereits einige Starkwindtage, an denen so viel Windstrom produziert wurde, dass Anlagen vom Netz genommen werden mussten.

Insgesamt ist Windkraft also eine Technologie, die erprobt, effizient und auch kostengünstig ist. Um die Schwankungen bei der Energieerzeugung abzufangen, ist jedoch dringend der Ausbau einer intelligenten Netzinfrastruktur mitsamt Speichermöglichkeiten notwendig – eine Aufgabe, die ebenfalls eine starke Rolle des Staates erfordert (siehe unten »Die richtige Infrastruktur schaffen«).

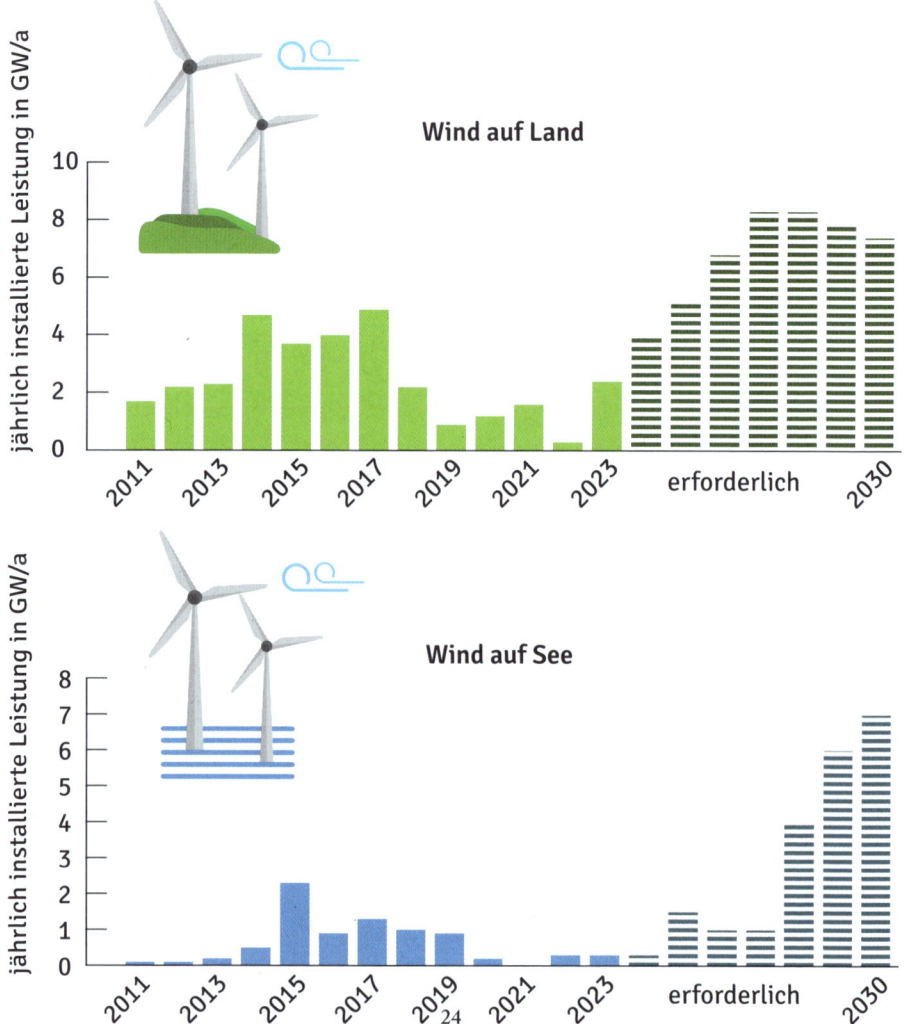

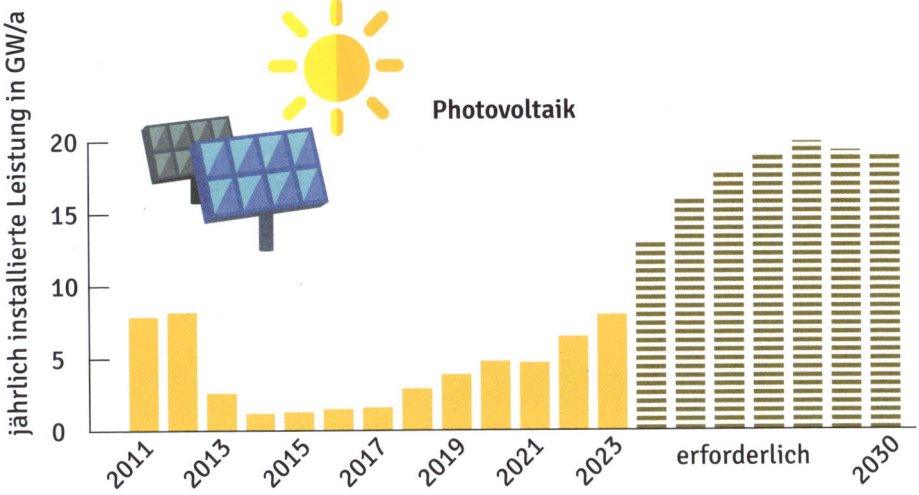

Quelle: https://energiesysteme-zukunft.de/publikationen/stellungnahme/ausbau-photovoltaik-wind-energie

Photovoltaikanlagen bieten die Möglichkeit, die Energie der Sonne direkt in Strom umzuwandeln. Sie sind emissionsfrei, geräuschlos, wartungsarm und können überall dort realisiert werden, wo eine ausreichend große Fläche mit geeigneter Sonneneinstrahlung zur Verfügung steht – theoretisch auf jedem geeigneten Hausdach mitten in der Innenstadt. Einmal installiert, können diese Anlagen viele Jahrzehnte genutzt werden. Eine Menge Vorteile also, die für einen massiven Ausbau der Photovoltaik sprechen.

Analog zur Windkraft gab es in den Jahren nach 2011 auch eine starke Zunahme der Photovoltaikanlagen. Ein Höhepunkt war zwischen 2010 und 2012 mit jährlich etwa 8.000 Megawatt zu beobachten, der allerdings in den Folgejahren auf weniger als 2.000 Megawatt installierter Leistung pro Jahr einbrach. Erst seit ein paar Jahren ist wieder ein Anstieg zu verzeichnen und dadurch das Erreichen des ursprünglichen Leistungsausbaus in Sichtweite.[16]

Zwar kann mit einer Photovoltaikanlage nur ein kleiner Teil der installierten Leistung effektiv genutzt werden: Als Faustregel gilt, dass in Deutschland pro Quadratmeter Photovoltaikfläche etwa 150 Kilowattstunden Strom pro Jahr generiert werden können. Nimmt man aber etwa die für Photovoltaik effektiv nutzbare Dachfläche Berlins – die nach einer Studie der Berliner Hochschule für Technik und Wirtschaft bei mindestens 44 Millionen Quadratmetern liegt, könnte etwa die Hälfte des Stromverbrauchs der Stadt alleine durch Photovoltaik gedeckt werden. Ähnliche Potenziale dürften sich entsprechend für andere deutsche Städte ergeben.[17]

Betrachtet man zudem auch die wirtschaftliche Dimension, ist es noch unverständlicher, warum die Chancen von Photovoltaikanlagen bisher noch viel zu wenig genutzt werden. Denn der Strompreis für private Haushalte lag laut dem Bundesverband der Energie- und Wasserwirtschaft (BDEW) im April 2023 durchschnittlich bei 45,68 Cent pro Kilowattstunde[18], während die Kosten für selbst produzierten Strom bei Kleinanlagen im Schnitt zwischen elf und 13 Cent pro Kilowattstunde betragen. Die Anschaffungskosten amortisieren sich bei einer Photovoltaikanlage mit Speicher nach circa zehn bis zwölf Jahren, ohne Speicher bereits nach fünf bis sieben Jahren.

Als dritte große Schlüsseltechnologie gilt die Geothermie (Erdwärme). Anders als bei Windkraft und Photovoltaik steht hier nicht die Erzeugung von Strom im Vordergrund, sondern die Gewinnung von Wärme.

Das Prinzip ist simpel: Durch eine Tiefenbohrung (50 bis 100 Meter) wird die natürliche Wärme im Erdinneren genutzt, die praktisch unerschöpflich ist. In 100 Meter Tiefe beträgt sie das ganze Jahr über ungefähr 10° Celsius, was von einer Wärmepumpe im Winter sehr effizient in die erforderliche Raumwärme umgewandelt werden kann. Zudem steht die Erdwärme das ganze Jahr über zuverlässig und planbar zur Verfügung.

Ruft man sich in Erinnerung, dass gerade die Wärmeerzeugung in Deutschland praktisch noch vollständig auf fossiler Energie basiert, wird die Wichtigkeit von Erdwärme noch deutlicher. Die aktuelle Bundesregierung hat dies erkannt und daher einen Konzeptvorschlag für den stärkeren Ausbau der Geothermie erarbeitet, der eine Verzehnfachung der derzeitigen Einspeisung ins Wärmenetz bis 2030 vorsieht.[19]

Die richtige Infrastruktur schaffen

So sinnvoll einzelne Maßnahmen zur emissionsfreien Energieerzeugung auch sind, ihre Klimaschutzwirkung können sie nur entfalten, wenn sie im Sinne eines ganzheitlichen Energiekonzepts vollständig aufeinander abgestimmt werden.

Das Hauptproblem beim Umbau eines Energiesystems auf erneuerbare Erzeugungsmöglichkeiten liegt in der fehlenden Planbarkeit der jeweils erzeugten Strommenge. Bei konventionellen Kraftwerken – wie beispielsweise Kohle-, Gas- oder Kernkraftwerken – ist die produzierte Energiemenge vollständig plan- und vorhersagbar und unabhängig von Tageszeit oder Witterungsverhältnissen. Ist absehbar, dass zu bestimmten Zeiten mehr Strom benötigt wird, können die Kraftwerke ganz einfach hochgefahren werden. Zudem besteht auch keine Gefahr eines Blackouts, solange die installierte Kraftwerksleistung hoch genug ist, um den Bedarf zu decken.

Vielen erneuerbaren Energien fehlt diese »Grundlastfähigkeit«. Weht an einem trüben Tag wenig Wind – »Dunkelflaute« genannt, wird durch erneuerbare Energieanlagen auch kaum Strom ins Netz eingespeist: In diesem Fall würde ein Blackout drohen, sofern die Lücke zwischen Strombedarf und Stromerzeugung nicht anderweitig geschlossen werden kann – entweder durch konventionelle Kraftwerke, die in der Reserve gehalten werden, oder durch Energiespeicher, aus denen kurzfristig Energie abgerufen werden kann.

Fest steht: Will man nicht langfristig auf konventionelle Energieträger zur Sicherstellung der Grundlast angewiesen sein, muss zwingend der Ausbau der Speicherkapazitäten massiv erhöht werden. Denn bei einem Totalausfall der Energieerzeugung könnten wir bei unseren aktuellen Speicherkapazitäten nur etwa eine Zeitspanne von 30 bis 40 Minuten überbrücken, bis es zu einem großflächigen Stromausfall käme. Derzeit stehen für die Energiespeicherung grundsätzlich vier Technologien zur Verfügung:[20]

Strominfrastruktur der Zukunft

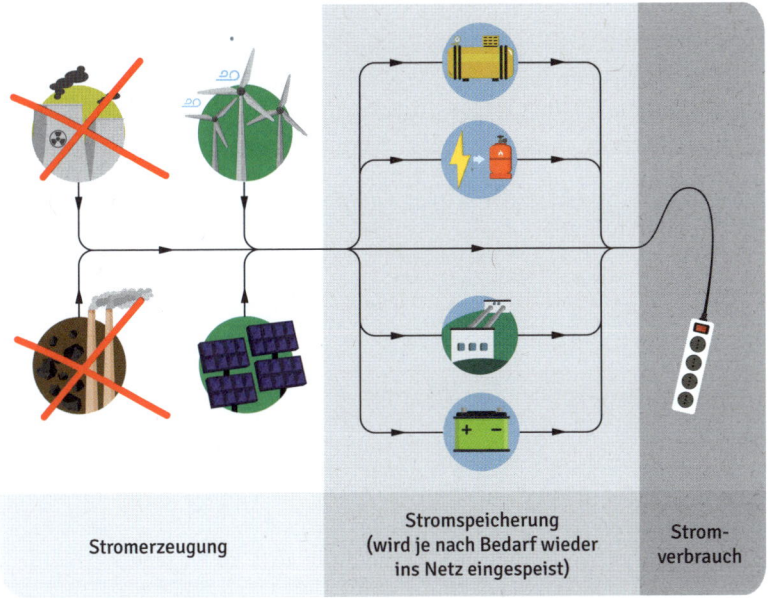

Stromerzeugung

Stromspeicherung
(wird je nach Bedarf wieder ins Netz eingespeist)

Stromverbrauch

Quelle: https://www.energiesystem-forschung.de/kurz-erklaert/energie_transportieren

Batteriespeicher sind elektrochemische Speicher. Ihr Hauptvorteil ist der hohe Wirkungsgrad von etwa 85 Prozent, ein Nachteil sind die immer noch relativ hohen Kosten, wobei in den nächsten Jahren deutliche Kostensenkungen erwartet werden.

Pumpspeicherwerke speichern Energie in Form von potenzieller Energie von Wasser, das in ein höher gelegenes Becken gepumpt wird. Wenn die Energie benötigt wird, fließt das Wasser durch eine Turbine und erzeugt dabei Strom. Pumpspeicherwerke sind technisch ausgereift und aktuell die einzige nennenswerte nutzbare Speichertechnik in Deutschland.

Druckluftspeicher nutzen überschüssigen Strom, um Luft in unterirdische Salzstöcke oder ehemalige Gaskavernen zu pressen. Bei Bedarf fließt die Druckluft durch eine Turbine, um Strom zu erzeugen. Der Wirkungsgrad kann durch die Nutzung der bei der Kompression entstehenden Wärme verbessert werden (adiabate Druckluftspeicher).

Bei Power-to-Gas-Anlagen wird bei Bedarf Wasser mithilfe von Strom in Wasserstoff und weiter in Methan umgewandelt. Ein Vorteil dieser Technologie ist, dass Wasserstoff (innerhalb bestimmter Grenzen) und Methan (ohne Einschränkungen) in das bestehende Erdgasnetz eingespeist und dort gespeichert werden können. Die eingespeisten Gase können dann zur Stromerzeugung oder für andere Zwecke genutzt werden wie z. B. Heizen oder den Betrieb von Gasfahrzeugen. Die Technologie ist jedoch teuer und weist geringe Wirkungsgrade auf.

Nach einer Studie des Fraunhofer-Instituts für Solare Energiesysteme in Freiburg (ISE) müsste die Energiespeicherkapazität Deutschlands bis 2030 von aktuell 4,5 auf etwa 100 Gigawattstunden anwachsen. Und tatsächlich ist ein massiver Ausbau zu erwarten, sowohl dezentraler Anlagen (bei Unternehmen und in Privathäusern in Verbindung mit einer Photovoltaikanlage) als auch zentraler Großanlagen. Für Letztere schlägt das ISE als Standort stillgelegte Kohle- oder Kernkraftwerke vor, da dort ein einfacher Anschluss an das Stromnetz realisiert werden könnte.[21]

Was Unternehmen tun können

Bis zu einem gewissen Grad sind Unternehmen auf Rahmenbedingungen angewiesen, die nur der Staat schaffen kann. Dennoch gibt es gerade für Industrieunternehmen viele Möglichkeiten, den Wandel in Richtung nachhaltiger Energiewirtschaft zu beschleunigen, von denen drei im Folgenden besonders hervorgehoben werden sollen:

Energieeffizienz forcieren
Der Unternehmenssektor ist einer der größten Energieverbraucher in Deutschland. Industrie, Gewerbe, Handel und Dienstleistungen verbrauchen zusammen rund 70 Prozent (!) des gesamten Stroms und 45 Prozent der gesamten Energie.[22] Eine der wesentlichen Optionen der Industrie, zum Klimaschutz beizutragen, besteht also darin, Energie überall dort einzusparen, wo es möglich ist. Leider wird das bisher noch sehr unzureichend getan.

Nach Einschätzung von Fachleuten ist das Energiesparpotenzial in der Industrie aber immens: In einer aktuellen Studie kommt etwa das Institut für Energietechnik und Energiemanagement der Hochschule Niederrhein zu dem Schluss, dass die deutsche Industrie fast die Hälfte (44 Prozent) ihres Endenergiebedarfs ohne Produktionseinbußen einsparen könnte – und das mit heute schon verfügbaren gängigen Energieeffizienztechnologien. 25 Milliarden Euro könnten so jährlich an Energiekosten eingespart werden. Nach Ansicht der Autoren der Studie wäre das eine »große Chance für die Wettbewerbsfähigkeit« Deutschlands.[23]

Warum wird dieses Potenzial bisher kaum genutzt? Das Umweltbundesamt sieht als Hinderungsgrund insbesondere die oft sehr kurzfristige Sicht von Unternehmen bei Investitionsentscheidungen. Unternehmen erwarten häufig Amortisationszeiten von weniger als zwei Jahren, damit eine Maßnahme als wirtschaftlich betrachtet wird. Aber auch Informationsdefizite spielen eine Rolle.[24]

Es droht aber auch ein Standortnachteil, wenn die Verfügbarkeit günstiger erneuerbarer Energie nicht gesichert ist. Deutschlands Süden, der bisher als erfolgsverwöhnt galt, hinkt beim Ausbau der Erneuerbaren deutlich hinterher. Zukunftsträchtige Unternehmen strafen die Versäumnisse ab, indem sie ihre Investitionen zunehmend auf andere Regionen konzentrieren. Tesla z. B. hat sein neues Werk in Brandenburg eröffnet, und der US-Chiphersteller Intel und das Batterie-Start-up Northvolt errichten ihre neuen Fabriken in Sachsen-Anhalt bzw. Schleswig-Holstein.

Natürlich verweisen viele Unternehmen beim Blick auf Investitionen in Nachhaltigkeit zu Recht auf den Staat und die unzureichenden Rahmenbedingungen, die dieser bietet. Diese Sichtweise sollte aber keine Entschuldigung dafür sein, dass Unternehmen nicht auch ohne den Staat bereits viel tun könnten – und davon oftmals auch langfristig profitieren würden.

Neben Kosteneinsparungen, Wettbewerbsvorteilen sowie Image- und Reputationsgewinnen ist dies insbesondere auch in Bezug auf eine wachsende Resilienz und Krisensicherheit von Vorteil. Denn Unternehmen, die weniger abhängig von Energiekosten sind, sind auch deutlich belastbarer bei externen Schocks.

Zudem stärken Investitionen in Nachhaltigkeit häufig auch die Innovationsfähigkeit von Unternehmen und können dabei helfen, neue Geschäftsmöglichkeiten zu erschließen und das Know-how auf andere Bereiche der Nachhaltigkeit zu übertragen. Das Ziel der Klimaneutralität kann in Deutschland nur mit einem starken Industriestandort gelingen. Leistungsstarke und damit international wettbewerbsfähige energieintensive Industrien sind eine wichtige Voraussetzung für Wachstum und Beschäftigung in Deutschland. Unternehmen, denen es gelingt, die großen Herausforderungen und Chancen des Klimaschutzes und des nachhaltigen Umgangs mit Energie und Rohstoffen zu bewerkstelligen, werden ohne Frage marktwirtschaftlich in der Zukunft die Nase vorn haben.

Prozesse und Lieferkette »dekarbonisieren«

Der Beitrag von Unternehmen zum Klimaschutz wird allerdings nicht allein über den Hebel Energieeffizienz zu leisten sein. Denn solange die verbleibende

Energie überwiegend aus fossilen Quellen gewonnen wird, ist der Gesamtbeitrag immer noch klimaschädlich.

Das Zauberwort lautet hier »Dekarbonisierung«. Dieser etwas sperrige Begriff bezeichnet die Abkopplung möglichst vieler Prozesse von CO_2-intensiven Erzeugungsformen. Ein typisches Beispiel ist die wichtige Umstellung auf Ökostrom, was den Unternehmen ermöglicht, ihren CO_2-Fußabdruck selbst ohne die Einsparung von Energie erheblich zu verbessern – zumindest in Bezug auf die eigenen Energieverbräuche.

Zweifelsohne ist das eine der einfachsten Möglichkeiten für Unternehmen, um kurzfristig einen Beitrag zum Klimaschutz zu leisten. Und zumindest in der Theorie würde die daraus resultierende und zudem erhöhte Nachfrage nach Ökostrom einen Anreiz zum Bau neuer Anlagen darstellen. Die Kritik an der Richtigkeit dieser Theorie wird jedoch in den letzten Jahren immer lauter. Die Begriffe Grünstrom, Ökostrom und Naturstrom werden oftmals synonym verwendet und basieren auf keiner einheitlichen Definition oder festgeschriebenen Kriterien. Da die Begriffe gesetzlich nicht geschützt sind, werden sie für verschiedene Arten von Strom oder Stromzusammensetzungen verwendet. Daher ist es durchaus möglich, dass der Strom, der bei uns als Ökostrom vermarktet wird, aus jahrzehntealten Anlagen (zum Beispiel in Norwegen) stammt, die ihren Strom vorher als »Graustrom« ins Netz eingespeist haben. (Graustrom ist eine Energieform, die durch die Verbrennung fossiler Brennstoffe erzeugt wird.) Damit bleibt die Klimaschutzwirkung aus, denn es handelt sich lediglich um eine Umetikettierung[25] des bestehenden Stroms. Aus diesem Grund empfiehlt es sich, auf die genaue Kennzeichnung von Ökostromprodukten zu achten – z. B. auf das »Ok-Power Label«. Noch sinnvoller kann daher die Eigenstromerzeugung von Unternehmen sein, beispielsweise durch eine Photovoltaikanlage mit direkter Eigennutzung.

Auch die allgemeine Marktentwicklung kommt vielen Unternehmensbereichen zugute. Der Trend in Richtung Elektromobilität mit dem in Europa bereits beschlossenen Aus für Verbrennungsmotoren im Jahr 2035 führt dazu, dass sich die Emissionen des Fuhrparks vieler Unternehmen mittelfristig auch ohne großes Zutun deutlich verbessern werden. Allerdings kann diese Entwicklung forciert und vorweggenommen werden, indem Unternehmen heute schon in eine entsprechende Ladeinfrastruktur investieren und, wo möglich, auf Verbrennungsmotoren verzichten. Das bedeutet vielleicht, kurzfristig gegen Widerstände zu arbeiten. Wer diesen Weg jedoch auf sich nimmt, erreicht nicht nur früher seine Klimaziele, sondern kann sich auch gegenüber Kunden und Mitarbeitern als Vorreiter im Klimaschutz positionieren.

Die größte Chance liegt jedoch in einem klimafreundlichen Umbau (Aktivierung) der eigenen Lieferkette. Produzierende Unternehmen kaufen meist 80 bis 90 Prozent ihrer CO_2-Emissionen in Form von Rohstoffen, Vorprodukten, Logistik oder Geschäftsreisen mit ein. Die Emissionen, die in der Lieferkette entstehen, sind daher um ein Vielfaches höher als die selbst direkt verursachten Emissionen. Hier sollten Unternehmen frühzeitig die Weichen stellen und ihre Lieferanten systematisch für die eigenen Klimaschutzziele aktivieren. Mit Bezug auf das Thema Energie kann dies etwa bedeuten, von Lieferanten mittelfristig die Umstellung auf erneuerbare Energiequellen zu verlangen.

Was private Haushalte tun können

Generell ist bei privaten Haushalten eine starke Abhängigkeit von den staatlichen Rahmenbedingungen auf der einen Seite sowie von konkreten Lösungen der Unternehmen auf der anderen Seite gegeben. Damit Lösungen für private Haushalte effektiv nutzbar und skalierbar sind, müssen diese marktreif und kostengünstig sein. Zudem müssen die staatlichen Regularien die Einstiegshürden für ein bürgerliches Engagement möglichst gering halten – also zum Beispiel die Schwelle für genehmigungsfreie Photovoltaikanlagen möglichst großzügig auslegen.

Privatpersonen müssen aber nicht auf die idealen Rahmenbedingungen warten. Schon jetzt können sie einen Beitrag zum Klimaschutz im Energiesektor leisten, selbst erneuerbare Energie erzeugen und den eigenen Energieverbrauch senken:

Selbst erneuerbare Energie erzeugen

Das Jahr 2022 hat gezeigt, wie abhängig private Haushalte von den gesamtwirtschaftlichen Entwicklungen und insbesondere von der Entwicklung der Energiepreise sind. Die Preise für eine Kilowattstunde Strom haben sich im Jahr 2022 im Vergleich zu den Vorjahren deutlich erhöht. Noch drastischer war die Entwicklung im Bereich Erdgas, wo sich die Preise je Kilowattstunde zeitweise fast verdreifacht haben.[26]

Das legt den Schluss nahe, dass Privatpersonen davon profitieren würden, wo immer möglich, ihre eigene Energie zu erzeugen.

Am einfachsten umsetzbar ist das sogenannte Balkonkraftwerk, das als Plug-and-Play-Lösung problemlos installiert werden kann. Kleinstkraftwerke mit einer Leistung von (derzeit) unter 600 Watt sind genehmigungsfrei, größere Anlagen müssen beim Netzbetreiber angemeldet werden. Seit Januar 2023 entfällt beim Kauf eines Balkonkraftwerks die Mehrwertsteuer von bislang 19 Prozent. Günstige Komplettpakete bekommt man ab etwa 600 Euro, teurere Modelle können bis zu 1.200 Euro kosten. Durch einen normalen Haushaltsstecker kann der erzeugte Strom bis zu einer Leistung von 600 Watt ins Stromnetz eingespeist werden. Lösungen mit einem integrierten Energiespeicher ermöglichen für einen begrenzten Zeitraum auch die Unabhängigkeit vom Stromnetz. Gängige Anlagen basieren zumeist auf zwei Solarmodulen mit einer maximalen Leistung von 300 Watt bei voller Sonneneinstrahlung. Damit können etwa 500 Kilowattstunden Strom pro Jahr gewonnen werden – und das ist immerhin etwa ein Viertel des Stromverbrauchs eines Singlehaushaltes pro Jahr. Zudem würden die zahlreichen dezentralen Energiespeicher die Anfälligkeit des Stromnetzes gegenüber Schwankungen deutlich senken.

Natürlich muss auch betont werden, dass die Anschaffung einer Solaranlage eine Investition ist, die nicht für jeden mit Rücklagen zu bezahlen ist. Allerdings gibt es viele Möglichkeiten, das Solarsystem zu finanzieren. Größere Solaranlagen können meist jedoch nur durch die Eigentümer von Immobilien realisiert werden – und Deutschland ist mit einem Mietanteil von über 50 Prozent Mieterland Nummer 1 in Europa. Hier würden Vorgaben zum Ausbau der Photovoltaik helfen, die unter bestimmten Voraussetzungen auch die Eigentümer von vermieteten Immobilien in die Pflicht nehmen.

Den eigenen Energieverbrauch reduzieren

Noch besser ist es natürlich, erst gar nicht unnötig Energie zu verbrauchen – so können Privatpersonen einerseits ihren ökologischen Fußabdruck verkleinern und andererseits ihre Energiekosten senken. Ein wichtiger Hebel dabei ist, veraltete Geräte auszutauschen und nur noch energieeffiziente Haushaltsgeräte einzusetzen. Eine Faustregel besagt, dass man durch den Einsatz energieeffizienter Haushaltsgeräte den Stromverbrauch für elektronische Geräte um 20 bis 30 Prozent verringern kann. Nun wird bei der Beschaffung von Haushaltsgroßgeräten, die im täglichen Einsatz sind, in der Regel sehr viel Wert auf Langlebigkeit gelegt – ob Kühlschrank, Waschmaschine oder Geschirrspüler: Die durchschnittliche Nutzungsdauer von Haushaltsgeräten liegt bei etwa 13 Jahren.[27] Häufig finden sich in den Haushalten sogar noch Geräte, die 20 oder mehr Jahre alt sind. Aus ökologischer Sicht ist das natürlich gut, denn jedes neue Gerät verbraucht Ressourcen, verursacht Abfälle und erzeugt CO_2-Emissionen in der Herstellung. Allerdings muss das Ganze auch ins Verhältnis zum CO_2-Fußabdruck in der Nutzungsphase gesetzt werden: Eine typische Kühl-Gefrierkombination aus dem Jahr 2000 verbraucht etwa 370 Kilowattstunden

Strom pro Jahr[28] – manche noch deutlich mehr. Das entspricht bei einem Energiepreis von 45 Cent pro Kilowattstunde Nutzungskosten von 166,50 Euro pro Jahr oder mehr als 3.300 Euro in 20 Jahren. Ein modernes Gerät benötigt weniger als die Hälfte an Strom! Rein wirtschaftlich betrachtet, lohnt sich also ein Austausch in der Regel nach zehn Jahren. Aber ist das auch ökologisch sinnvoll? Meist ja, allerdings nur, wenn die Geräte ordnungsgemäß recycelt werden und wenn das alte Gerät auch tatsächlich ein »Energiefresser« ist. Bevor eine Entscheidung getroffen wird, sollte deshalb der Stromverbrauch des alten Gerätes genau bekannt sein. Am besten wird der Verbrauch selbst gemessen und dabei vorher die Temperatur heruntergedreht, denn ein Grad mehr Kälte bedeutet etwa einen fünf bis sechs Prozent höheren Stromverbrauch.

Eine weitere wichtige Maßnahme ist die Umstellung der Beleuchtung auf effiziente LED-Leuchtmittel, denn diese haben einen um etwa 80 Prozent geringeren Stromverbrauch als konventionelle Leuchtmittel. In den meisten Haushalten haben sie auch schon lange Einzug gehalten, schließlich sind konventionelle Glühlampen mit mehr als 45 Watt Leistung in der EU bereits seit 2011 verboten und nicht mehr erhältlich. Dennoch lohnt sich eine systematische Überprüfung, da an vielen Stellen trotzdem noch oft konventionelle Leuchtmittel im Einsatz sind, so zum Beispiel bei Halogenstrahlern an der

Geld sparen mit effizienten Haushaltsgeräten

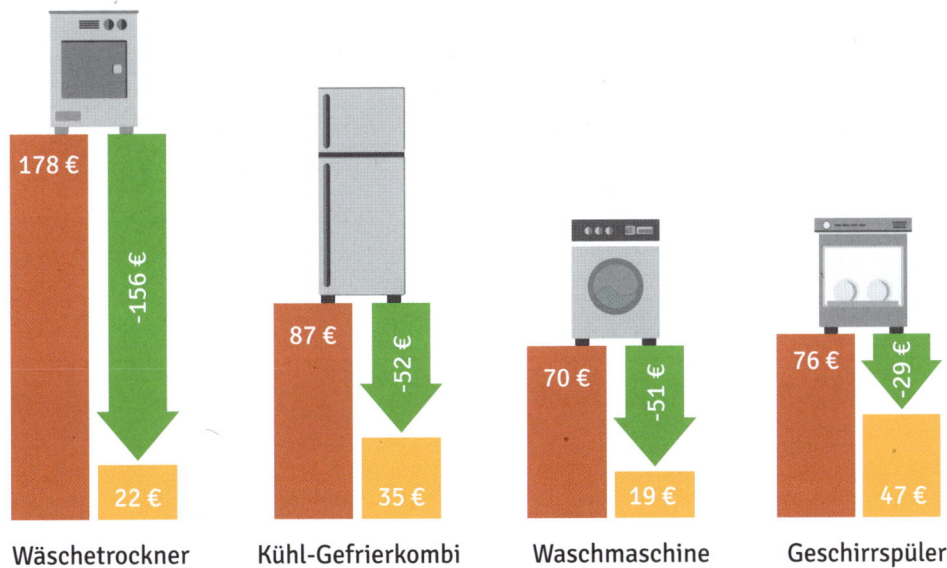

jährliche Stromkosten mit Geräten von
■ 2004 ■ 2014

Zimmerdecke, Deckenflutern oder Leuchtstoffröhren im Keller. Zudem sollte darauf geachtet werden, nicht dem Rebound-Effekt zum Opfer zu fallen. Weil LED-Beleuchtung sehr effizient ist und in der Nutzung verhältnismäßig wenig kostet, wird teilweise auch sorgloser damit umgegangen und in der Folge mehr Beleuchtung eingesetzt. Garten, Außenlicht, beleuchtete Kleiderschränke und Schubladen: Mit LED-Beleuchtung scheinen keine Grenzen gesetzt. Doch auch bei LED-Beleuchtung sollte immer die Frage gestellt werden: Was wird wirklich benötigt, und was ist nur ein schöner – aber unnötiger – Zusatz?

Natürlich gibt es viele weitere Möglichkeiten, Energie zu sparen. Eine der effektivsten Maßnahmen ist zum Beispiel, konventionelle Thermostate ganz einfach durch intelligente Heizungsthermostate zu ersetzen. Das kann zehn bis 20 Prozent Heizkosten sparen und stellt eine der wenigen Maßnahmen dar, die auch für Mieter umsetzbar sind. Und auch bauliche Maßnahmen spielen eine große Rolle, diese werden ausführlich im Kapitel »Gebäude« dargestellt.

Gleich loslegen!

Tipps für dich und mich

- zu Ökostromanbietern wechseln

- auf E-Mobilität umrüsten und in Ladeinfrastruktur investieren

- im Eigentum, wenn möglich, auf Solarstrom umrüsten, in Mietwohnungen »Balkonkraftwerke« installieren

- überflüssige Lampen und Elektrogeräte (zum Beispiel per Steckerleiste) immer ganz ausschalten

- konventionelle Glühbirnen gegen LED-Energiesparlampen eintauschen

- Akkus nach dem Laden vom Strom nehmen (Geräte wie Smartphones oder elektrische Zahnbürsten ziehen auch kontinuierlich Strom, wenn sie mit vollem Akku ans Netz angeschlossen werden)

- bei der Neuanschaffung von Elektrogeräten immer auf die Energieeffizienz achten (Kategorie A = niedrigster Energieverbrauch)

- zum Erhitzen von Wasser Wasserkocher statt Herdplatten nutzen

- Geschirrspüler effizient nutzen: erst anschalten, wenn er voll beladen ist und im Energiesparmodus laufen lassen

- Wäsche richtig waschen: Waschmaschinentrommel ganz füllen, im Idealfall nur bei 30 bis 40 Grad (reicht bei den meisten Kleidungsstücken vollkommen aus) und nur in Ausnahmefällen bei 90 Grad waschen

- auf Wäschetrockner verzichten

- Müll trennen (durch das Recycling wird neben den Rohstoffen auch Energie eingespart)

Tipps für Unternehmen

- Möglichkeit prüfen, Eigenstrom zu erzeugen, oder Strom direkt von Erzeugern erneuerbarer Energien beziehen (PPA)

- wenn möglich, erneuerbare Energiequellen nutzen (z. B. Geothermie oder Windkraft)

- refurbished Elektrogeräte verwenden bzw. elektronische Geräte so lange wie möglich nutzen

- Geräte nach Feierabend (und bei Nichtnutzung auch tagsüber) abschalten; Mehrfachsteckdosen benutzen

- durch Gebäudeautomatisierung (Lichtsensoren, Steuerungs- und Regelungstechnik mit KI) Energieverbräuche senken

- LED-Leuchtmittel einsetzen

- Geschäftskonto bei einer nachhaltigen Bank einrichten und zu einer nachhaltigeren Versicherung wechseln

- bei Investitionsentscheidungen zukünftige Preissteigerungen fossiler Energieträger mit berücksichtigen

- mit Ökostrom betriebene Cloud-Dienstleistungen und Server nutzen

- Mitarbeiterschulungen zu Energieeffizienz anbieten

Wo wir stehen

Die Industrie ist nach der Energiewirtschaft der zweitgrößte Verursacher von Treibhausgasemissionen in Deutschland: 22 Prozent aller Emissionen werden von industriellen Unternehmen erzeugt. Die Emissionsquellen sind dabei so vielfältig wie die Geschäftsmodelle selbst und entstehen entlang der gesamten Wertschöpfungskette – oftmals verteilt über den gesamten Globus: von der Förderung und dem Transport von Rohstoffen über den eigentlichen Produktionsprozess bis hin zur Auslieferung der Produkte an den Kunden.

Woher kommen die Emissionen?

Die Treibhausgasemissionen des Industriesektors können entsprechend dem jeweiligen Ursprung in drei Kategorien unterteilt werden:

Die direkten energiebedingten Treibhausgasemissionen entstammen der Nutzung fossiler Brennstoffe zur Energiebereitstellung. Dazu gehört beispielsweise der Einsatz von Brennstoffen zur Erzeugung von Prozesswärme, Dampf und mechanischer Arbeit.

Indirekte energiebedingte Treibhausgasemissionen resultieren aus der Herstellung des verwendeten Stroms, beispielsweise durch Kohle- oder Erdgaskraftwerke.

Prozessbedingte Treibhausgasemissionen entstehen durch chemische oder physikalische Prozesse im Produktionsprozess bestimmter Güter – unabhängig von direkten energiebedingten Emissionen. Ein Beispiel ist die Herstellung von Wasserstoff für die Chemieindustrie. Dabei wird Erdgas (CH_4) erhitzt und in CO_2, CO und H_2 aufgespalten. Das CO_2 wird hier als Abfallprodukt angesehen.[29]

Emissionen entstehen vor allem in den energieintensiven Branchen – speziell in den Bereichen Stahl und Metalle, Chemie, Zement, Kalk, Papier und Zellstoff sowie Glas und Keramik.[30] Vier Prozesse sind in diesem Zusammenhang besonders hervorzuheben: die Herstellung von Eisen und Stahl sowie von Kunststoffen, die Verarbeitung von Erdöl und die Produktion von Zementklinker durch Brennen von Kalkstein.[31]

Insgesamt 58 Millionen Tonnen und damit rund acht Prozent aller deutschen Treibhausgasemissionen stießen 2022 allein die sogenannten Dirty 30 aus – die 30 CO_2-Äquivalenten (CO_2e)-intensivsten Industrieanlagen Deutschlands.[32]

Weiterhin verursachen Industrieunternehmen einen großen Teil ihrer Emissionen durch vor- und nachgelagerte Prozesse in der Lieferkette, etwa durch die Beschaffung von Gütern und Dienstleistungen, Transporte, Geschäftsreisen oder das tägliche Pendeln der Beschäftigten. Bei vielen produzierenden Unternehmen machen diese indirekten Emissionen bis zu 80 Prozent der Gesamtemissionen aus. Ein ganzheitlicher Ansatz zur CO_2e-Reduktion muss daher auch die Emissionen der Lieferkette miteinbeziehen.

Entwicklung der Emissionen

Als großem Verursacher von Treibhausgasen kommt dem Industriesektor folglich auch eine Schlüsselrolle bei deren Reduktion zu. In Deutschland wurden diesbezüglich in der Vergangenheit auch schon Fortschritte gemacht: Seit 1990 sind die Treibhausgasemissionen der Industrie von 284 Millionen Tonnen auf 181 Millionen Tonnen (Stand: 2021) gesunken.[33] Weltweit dagegen sind im gleichen Zeitraum die Emissionen des Industriesektors deutlich gestiegen – und zwar schneller als in jedem anderen Sektor. Betrachtet man die CO_2e-Reduktion in der deutschen Industrie genauer, ergibt sich allerdings ein gemischtes Bild : Ein Teil der Reduktion kann sicherlich auf Energieeffizienzmaßnahmen

Treibhausgasemissionen des Industriesektors in Deutschland nach Branchen im Jahr 2022

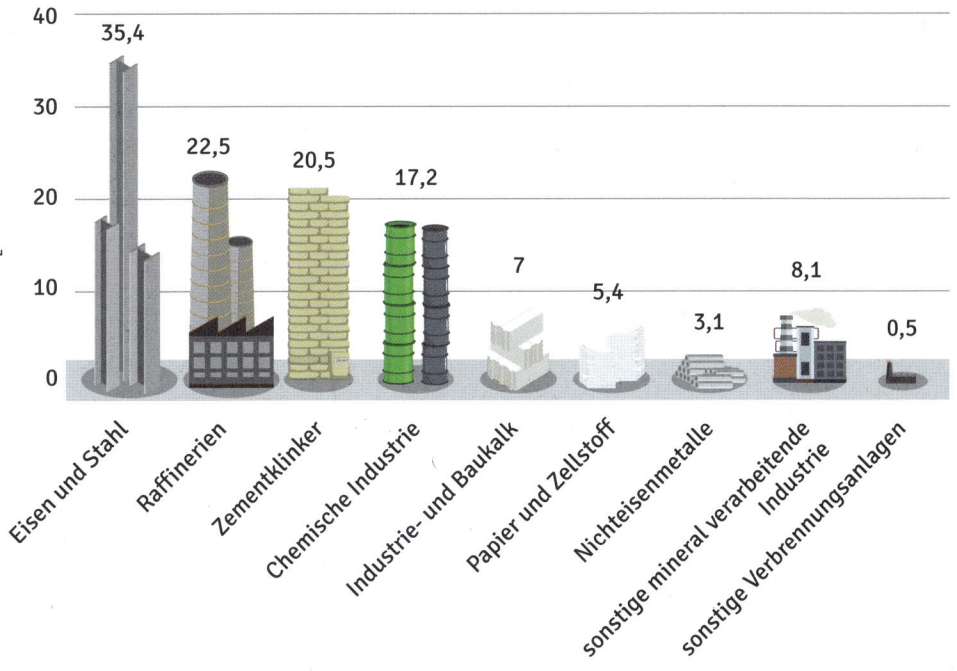

Quelle: https://www.wwf.de/fileadmin/fm-wwf/Publikationen-PDF/Klima/WWF-Klimaschutz-in-der-Industrie-2021.pdf, S. 12

sowie eine Verringerung von Prozessemissionen zurückgeführt werden. Allerdings profitiert Deutschland auch deutlich vom sogenannten Wiedervereinigungseffekt. Schließlich bildet ausgerechnet 1990 – das Jahr der deutschen Wiedervereinigung – das Referenzjahr für nationale Klimaziele nach dem Kyoto-Protokoll. Zu diesem Zeitpunkt wurde noch die vergleichsweise emissionsintensive Schwerindustrie der ehemaligen DDR in die Bilanz der Bundesrepublik Deutschland mit eingerechnet, die in den Folgejahren sukzessive stillgelegt oder modernisiert wurde.

In der Folge sind die Emissionen der deutschen Industrie bereits zwischen 1990 und 1995 um 62 Millionen Tonnen gesunken, wobei der Großteil dieser Reduktion eben auf den Wiedervereinigungseffekt zurückgeführt werden kann. Ein weiterer Grund ist die teilweise Verlagerung emissionsintensiver Industriezweige ins Ausland. Wirft man nun einen Blick auf die aktuellen Industrieanlagen in Deutschland, zeigt sich, dass es noch enormes Handlungspotenzial gibt.

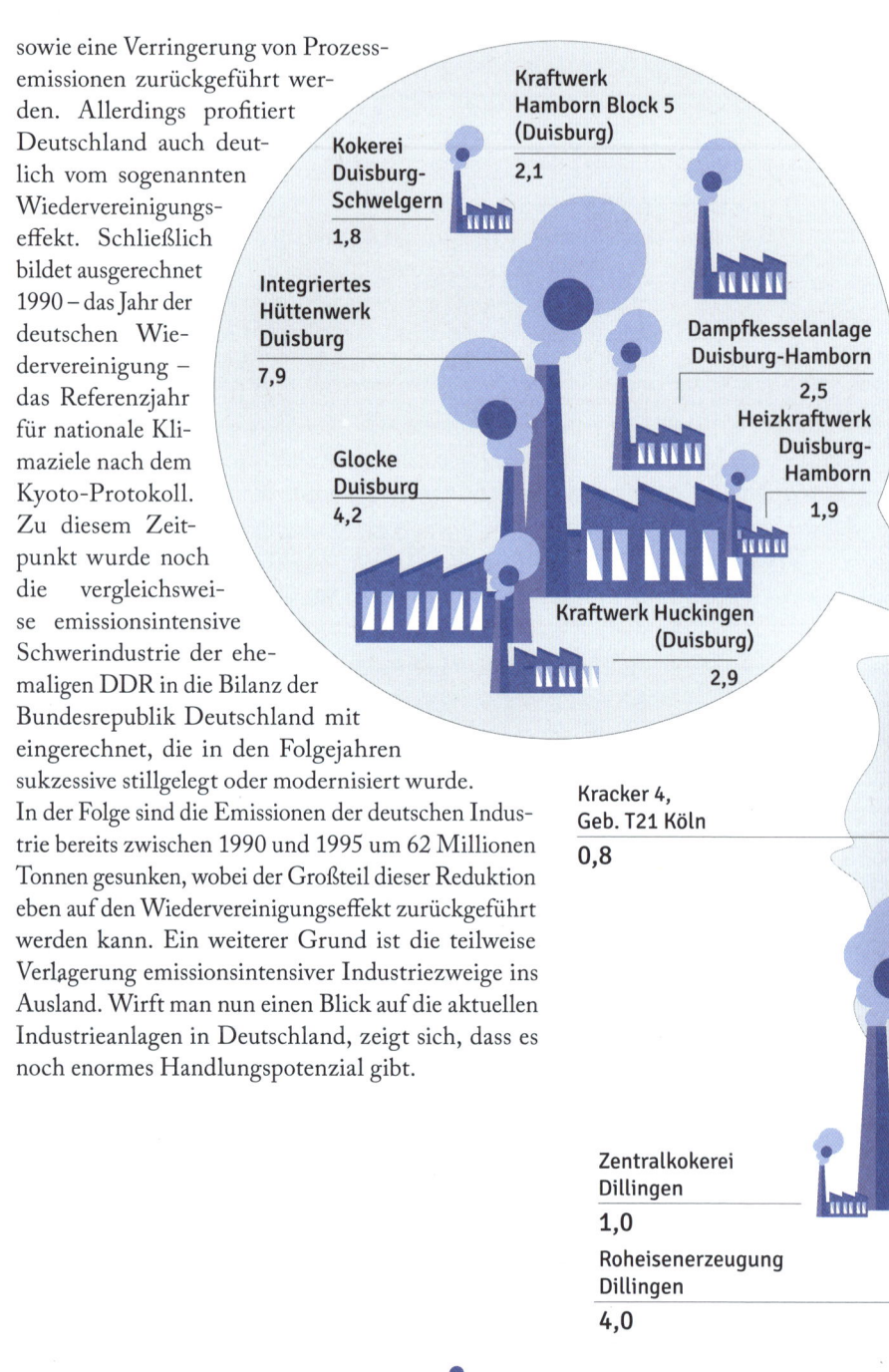

Kraftwerk Hamborn Block 5 (Duisburg)
2,1

Kokerei Duisburg-Schwelgern
1,8

Integriertes Hüttenwerk Duisburg
7,9

Dampfkesselanlage Duisburg-Hamborn
2,5

Heizkraftwerk Duisburg-Hamborn
1,9

Glocke Duisburg
4,2

Kraftwerk Huckingen (Duisburg)
2,9

Kracker 4, Geb. T21 Köln
0,8

Zentralkokerei Dillingen
1,0

Roheisenerzeugung Dillingen
4,0

Eisen und Stahl

Zement und Kalk

Chemie

Die 30 größten Emittenten in der Industrie

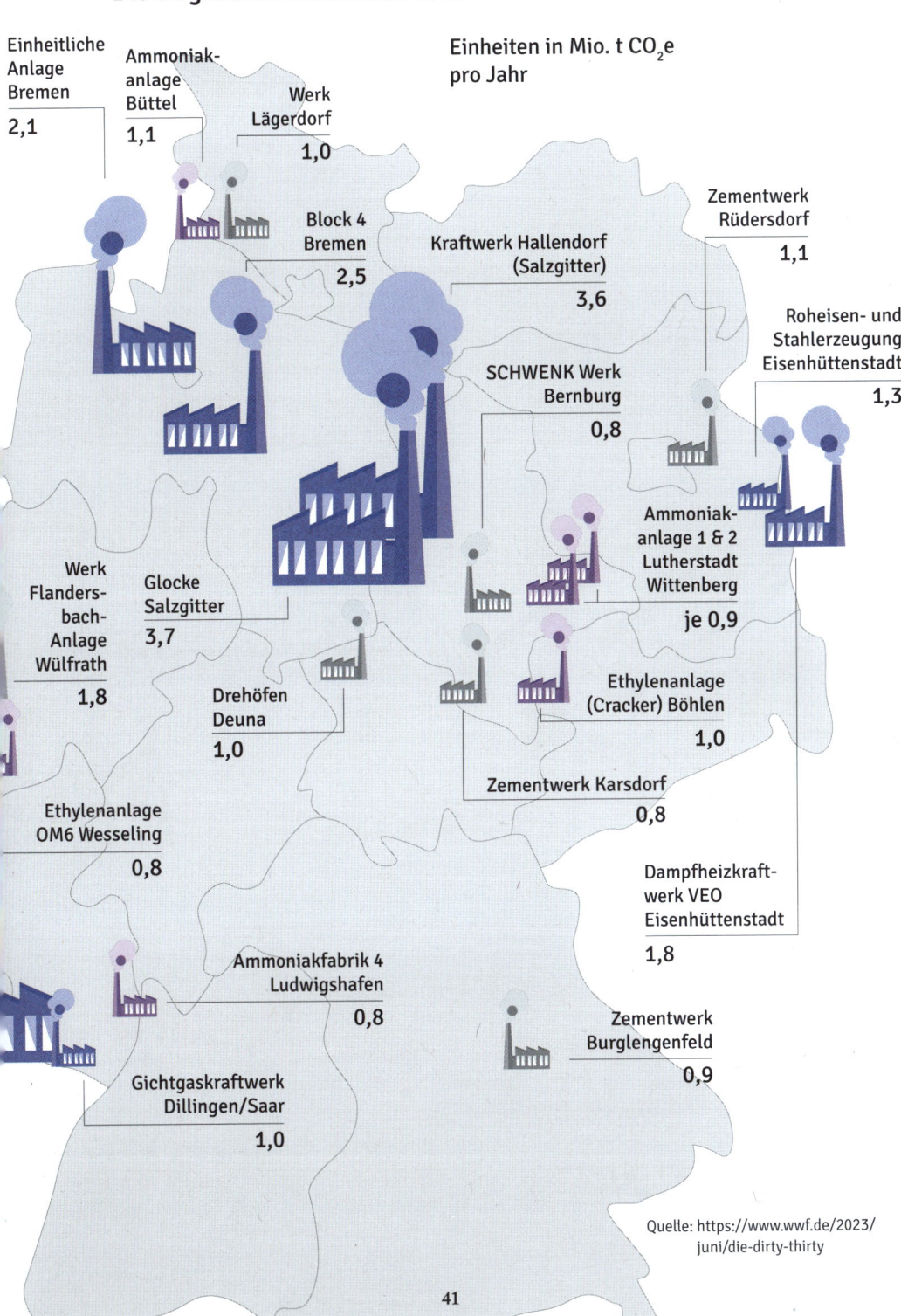

Einheiten in Mio. t CO_2e pro Jahr

Einheitliche Anlage Bremen
2,1

Ammoniakanlage Büttel
1,1

Werk Lägerdorf
1,0

Block 4 Bremen
2,5

Kraftwerk Hallendorf (Salzgitter)
3,6

Zementwerk Rüdersdorf
1,1

Roheisen- und Stahlerzeugung Eisenhüttenstadt
1,3

SCHWENK Werk Bernburg
0,8

Ammoniakanlage 1 & 2 Lutherstadt Wittenberg
je 0,9

Werk Flandersbach-Anlage Wülfrath
1,8

Glocke Salzgitter
3,7

Drehöfen Deuna
1,0

Ethylenanlage (Cracker) Böhlen
1,0

Ethylenanlage OM6 Wesseling
0,8

Zementwerk Karsdorf
0,8

Dampfheizkraftwerk VEO Eisenhüttenstadt
1,8

Ammoniakfabrik 4 Ludwigshafen
0,8

Zementwerk Burglengenfeld
0,9

Gichtgaskraftwerk Dillingen/Saar
1,0

Quelle: https://www.wwf.de/2023/juni/die-dirty-thirty

Schon gewusst?

Rund acht Prozent der Treibhausgasemissionen stoßen die sogenannten Dirty 30 aus: die 30 emissionsintensivsten Industrieanlagen Deutschlands.

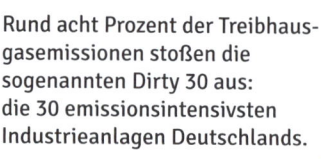

Der Industriesektor ist mit 22 Prozent CO_2e Ausstoß der zweitgrößte Verursacher von Treibhausgasemissionen.

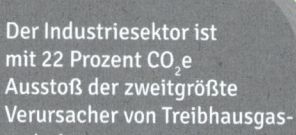

Seitens des Staates gibt es aktuell keine flächendeckende Verpflichtung für die Industrie zur Nutzung oder zum Ausbau erneuerbarer Energien.

Zzz

Mehr als 100 Milliarden Tonnen Rohstoffe wie Öl, Gas und Metalle werden jedes Jahr aus der Erde gefördert.

Wo wir hinwollen

Klimaziele und Instrumente

Im Bundes-Klimaschutzgesetz wurde für den Industriesektor das Ziel von 119 Millionen Tonnen CO_2e Ausstoß bis 2030 festgelegt.[34] Bezogen auf den Treibhausgasausstoß von 2020, entspricht das einer Reduktion von circa 33 Prozent.[35] Um dieses Klimaziel zu erreichen, gibt es verschiedene Instrumente. Einer der am längsten etablierten Mechanismen ist der EU-Emissionshandel (EU-ETS), der seit 2005 für bestimmte Großemittenten von Treibhausgasen in der EU eine Obergrenze festlegt, die nach und nach heruntergesetzt wird, um die Gesamtemissionen bis zur Mitte des Jahrhunderts auf annähernd null zu senken.

In Deutschland sind davon etwa 1.900 Energie- und Industrieanlagen betroffen. Neben Anlagen zur Energieerzeugung gehören dazu etwa Werke aus den Bereichen Eisen- und Stahlverhüttung, Zementherstellung, Glas-, Keramik- und Ziegelherstellung sowie der Papierproduktion. Emittenten, die ihr jährliches Reduktionsziel nicht erreichen (Zielunterererfüllung), können dabei Emissionsminderungszertifikate von Emittenten erwerben, die ihr Ziel übererfüllt haben. Mit diesem auch als »flexibler Mechanismus« bezeichneten System soll eine wirtschaftlich effizientere CO_2-Reduktion erreicht werden, weil dadurch Unternehmen, die ein großes Einsparungspotenzial haben, einen starken wirtschaftlichen Anreiz zur CO_2-Reduktion erhalten.

Zusätzlich soll die CO_2-Steuer auf fossile Energie (siehe Kapitel »Energie«) durch sukzessiv steigende Preise zu einem Umdenken seitens der Industrie beitragen und Investitionsentscheidungen auf nichtfossile Alternativen lenken.

Auch einzelnen Industrien wurden Obergrenzen auferlegt, im Fall der Automobilindustrie etwa sind diese allerdings rein auf die Fahrzeugnutzung beschränkt. Die Obergrenzen sollen über die Zeit zu effektiven Reduktionen der von der Fahrzeugflotte erzeugten Emissionen führen.

Insgesamt reichen aktuell weder die regulatorischen Vorgaben noch die verfügbaren Instrumente aus, um eine Transformation der Industrie in Richtung Klimaneutralität sicherzustellen. Der größte Teil der Transformationsanstrengung liegt bei den Unternehmen selbst und muss unabhängig von staatlichen Vorgaben erreicht werden – auch wenn sich viele Industrieunternehmen klarere Rahmenbedingungen und Vorgaben wünschen würden.

Von staatlicher Seite gibt es für die Industrie aktuell keine flächendeckende Verpflichtung zur Nutzung oder zum Ausbau erneuerbarer Energie, zur Reduktion von Prozessemissionen oder der indirekten Emissionen aus der Lieferkette. Es gibt noch nicht einmal eine direkte Pflicht zur regelmäßigen und vollständigen Erfassung der entstehenden Emissionen. Auch klare staatliche Vorgaben für die korrekte Methodik der Treibhausgasbilanzierung sucht man vergeblich. Vielmehr verlässt man sich hier auf marktwirtschaftliche bzw. zivilgesellschaftliche Entwicklungen und Initiativen. Nicht Staaten, sondern verschiedene Nichtregierungsorganisationen haben mit der Gründung des »Greenhouse Gas Protocol« (GHG Protocol) Ende der 1990er-Jahre die Grundlage für einen weltweiten Standard zur Treibhausgasbilanzierung gelegt. Die erste Version des Unternehmensstandards ist 2001 erschienen und gilt heute als weltweiter und industrieübergreifender De-facto-Standard für die CO_2e-Berechnung von Unternehmen.

Das GHG Protocol hat auch die heute weitverbreitete Unterteilung in verschiedene sogenannte Scopes vorgenommen. Danach werden die Emissionen von Unternehmen in drei Kategorien unterteilt:

Scope-1-Emissionen verursachen Unternehmen selbst, zum Beispiel durch den Unternehmensfuhrpark und die Beheizung von Gebäuden. Außerdem zählen prozessbedingte Emissionen dazu, die in bestimmten Industriezweigen entstehen.

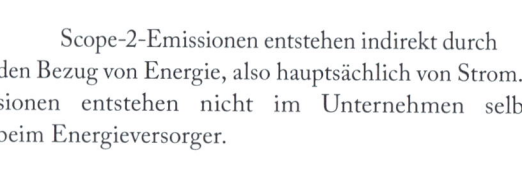

Scope-2-Emissionen entstehen indirekt durch den Bezug von Energie, also hauptsächlich von Strom. Diese Emissionen entstehen nicht im Unternehmen selbst, sondern beim Energieversorger.

Scope-3-Emissionen bilden die größte und bei vielen Unternehmen auch wichtigste Kategorie. Hierunter fallen andere indirekte Emissionen etwa aus dem Bezug von Rohstoffen und Vorprodukten, durch Geschäftsreisen, aus der An- und Abfahrt der Mitarbeiterinnen und Mitarbeiter bis hin zu Emissionen, die bei der Nutzung und Entsorgung der hergestellten Produkte entstehen.

Die Rolle des GHG Protocol als einheitlicher und weltweit akzeptierter Standard für die CO_2-Bilanzierung kann kaum hoch genug eingeschätzt werden. Ohne ein solches übergreifendes Rahmenwerk würden sämtliche Versuche, die Emissionen von Unternehmen zu beziffern und anschließend zu reduzieren, aufgrund mangelnder Vergleichbarkeit ins Leere laufen. Die dominante Rolle des GHG Protocol spiegelt sich auch in der Tatsache wider, dass sich viele andere Standards und Regelwerke explizit auf das GHG Protocol beziehen, etwa die Standards zum Nachhaltigkeitsreporting der Global Reporting Initiative (GRI) und europäische Regelungen wie die CSRD (Corporate Sustainability Reporting Directive).

Allerdings muss auch angemerkt werden, dass das GHG Protocol als branchenübergreifender Standard naturgemäß eher allgemein gehalten ist und jeweils auf den spezifischen Fall angewendet werden muss. Zudem schreibt das GHG Protocol nicht die zu verwendenden Datenbanken zur Umrechnung der Verbrauchsdaten in Treibhausgasemissionen vor – was aufgrund der Vielzahl an Daten auch faktisch unmöglich wäre. Vor allen Dingen aber ist das GHG Protocol ein reiner Reporting-Standard, der von Unternehmen keine eigenen Zielsetzungen im Bereich der CO_2-Reduktion verlangt.

Seit 2017 gibt es lediglich eine indirekte Verpflichtung zur CO_2-Bilanzierung, die sich aus der EU-Verordnung zur Nachhaltigkeitsberichtspflicht (Non-Financial Reporting Directive) ableitet und durch das CSR[36]-Richtlinien-Umsetzungsgesetz in nationales Recht umgewandelt wurde.

Dies gilt in Deutschland aktuell für Unternehmen, die mehr als 500 Mitarbeiter beschäftigen und kapitalmarktorientiert sind. Zudem betrifft es Banken, Versicherungen und Fondsgesellschaften, unabhängig davon, ob diese börsennotiert sind.

Finanzbericht und ESG-Ziele eines Unternehmens stehen auf einer Stufe

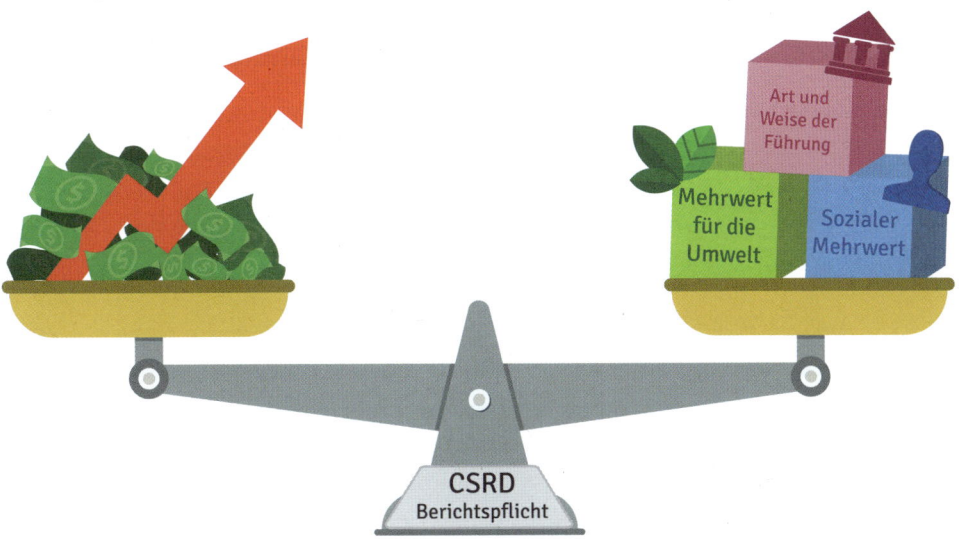

Quelle: https://dfge.de

45

Voraussichtlich wird eine umfassende Pflicht zum Nachhaltigkeits-Reporting in Europa erst ab 2025 gelten. Grundlage ist die in Form und Umfang deutlich erweiterte Nachfolgeregulierung der bestehenden Berichtspflicht: die Corporate Sustainability Reporting Directive (CSRD). Diese erweitert sich auf deutlich mehr Unternehmen als zuvor. In Deutschland müssen dann etwa 15.000 Unternehmen einen CSRD-konformen Nachhaltigkeitsbericht erstellen. Die Nachhaltigkeitsberichterstattung wird zu einem Kernthema der Unternehmenskommunikation. Eine große Herausforderung für viele Unternehmen, die mit einer entsprechenden Beratung und Softwarelösung (z. B. Substain von ConClimate) die Berichte erstellen können.

Wir müssen uns fragen ...

... wie wir die emissionsintensivsten Industrien schnell genug dekarbonisieren können,

... welche Schlüsseltechnologien gefördert werden müssen,

... wie wir die Wettbewerbsfähigkeit der deutschen Industrie sicherstellen können,

... welche Chancen sich durch eine konsequente Dekarbonisierung der Industrie ergeben und

... welche Rahmenbedingungen und welche Anreize die Industrie für eine effektive Reduktion ihrer Emissionen benötigt.

Mit der CSRD sollen Berichte zur Nachhaltigkeit eines Unternehmens auf dieselbe Ebene wie Finanzberichte gestellt und damit erweitert und verbessert werden. Sie sollen ebenfalls verpflichtend sein und einer externen Prüfung unterzogen werden, um so auf EU-Ebene eine Vergleichbarkeit der Angaben zu erreichen.[37]

Mit der Berichtspflicht einher geht auch ein neuer verbindlicher Berichtsstandard für das Nachhaltigkeitsreporting – die European Sustainability Reporting Standards (ESRS). Diese stellen in Umfang und Anforderungen alle bisherigen Nachhaltigkeitsberichtsstandards in den Schatten.

Was wir tun müssen

Je nach Industriezweig gibt es verschiedene technische Lösungen, durch die jeweils eine CO_2-Reduktion erreicht wird. Der Fokus soll hier jedoch auf den übergreifenden Stellschrauben liegen, unterteilt wiederum in die drei nachfolgenden Handlungsebenen Staat, Unternehmen und Privatpersonen.

Was der Staat leisten muss

Der Staat spielt gerade im Industriesektor eine entscheidende Rolle für eine erfolgreiche Transformation in Richtung Klimaneutralität. Seine Aufgabe sollte sich aber primär darauf beschränken, Rahmenbedingungen für langfristige Investitionen in nachhaltige Technologien zu gestalten.

Noch mehr als in anderen Bereichen sind die Investitionsentscheidungen im Industriesektor häufig sehr langfristig angelegt und erfordern entsprechende stabile und planbare Rahmenbedingungen. Denn viele Anlagen haben eine Laufzeit von mehr als 50 Jahren – sowohl auf technischer Ebene als auch auf die Zeitspanne bezogen, in der das ursprüngliche Investitionskapital zur Errichtung und Inbetriebnahme der Anlage zurückerwirtschaftet wird. Aufgrund dieses langen Zyklus besteht nur einmal in 50 Jahren die Chance, eine alte Anlage, die viele Emissionen ausstößt, so umzurüsten, dass sie anschließend klimaneutral ist. Zudem muss bei der Neuerrichtung einer Anlage etwa 30 Jahre im Voraus entschieden werden, wie der spätere Betrieb ablaufen soll.[38]

Ein gewichtiger Grund, warum Investitionen in klimafreundliche Alternativen bisher häufig nicht wettbewerbsfähig sind, sind die im Vergleich zu nachhaltigen Alternativen zu geringen Energiepreise für fossile Brennstoffe. Zur Gestaltung entsprechender Rahmenbedingungen hat der Staat verschiedene Instrumente zur Verfügung.

Regulierung und Anreize schaffen

Das Bundes-Klimaschutzgesetz legt zwar Klimaschutzziele für Deutschland fest, daraus leiten sich aber keine direkten Reduktionsverpflichtungen für Unternehmen ab. Hier hätte der Staat also noch viel Spielraum, indem er durch Umweltgesetze, die Festlegung von Emissionsstandards oder andere Auflagen Industrieanlagen dazu verpflichten würde, ihren Ausstoß von Treibhausgasen und anderen schädlichen Substanzen zu reduzieren.

Gleichzeitig wäre es wichtig, positive Anreize zu schaffen, die Firmen dazu bewegen, umweltfreundlichere Technologien einzusetzen und klimaschonende Prozesse zu wählen. Dies kann vor allem durch finanzielle Anreize in Form von Fördergeldern, Subventionen oder Steuervergünstigungen geschehen.

Schon jetzt gibt es zahlreiche Programme zur Förderung von nachhaltigem Wirtschaften in der Industrie. Beispielhaft sei hier die Förderung sogenannter Transformationskonzepte genannt, mit der Unternehmen bei der Planung und Umsetzung der eigenen Transformation hin zur Treibhausgasneutralität unterstützt werden. Gefördert werden etwa die Kosten für die Erstellung und Zertifizierung einer CO_2-Bilanz, für Energieberaterinnen oder -berater sowie die Kosten für erforderliche Messungen, Datenerhebungen und Datenbeschaffungen für die Erstellung des Transformationskonzeptes.

Schlüsseltechnologien fördern

Für die Reduktion von Energieverbrauch und Emissionen sind innovative Technologien und Verfahren von großer Bedeutung. Um deren Entwicklung weiter voranzutreiben, kann der Staat in entsprechende Forschungsprojekte investieren und Kooperationen zwischen Unternehmen und wissenschaftlichen Einrichtungen fördern. Als eine der wesentlichen Schlüsseltechnologien für die Erreichung der Klimaneutralität gilt der grüne Wasserstoff, also die Herstellung von Wasserstoff durch die Elektrolyse von Wasser mit Strom aus erneuerbaren Energien. Da grüner Wasserstoff theoretisch in großen Mengen produzierbar ist, wird er als das »Erdöl von morgen« gehandelt und soll massiv gefördert werden. Die Bundesregierung hat deshalb im Juni 2020 die »Nationale Wasserstoffstrategie« ins Leben gerufen und arbeitet seitdem mit Hochdruck an Aktualisierung und Konkretisierung.[39]

Was Unternehmen tun können

Für Emissionsreduktionen im Industriesektor gelten grundsätzlich dieselben Prinzipien wie in allen anderen Sektoren. Eine Emissionsreduktion kann immer über zwei Hebel erreicht werden: durch Verbrauchsreduktionen (zum Beispiel Maßnahmen zur Energieeffizienz) und durch eine Reduktion der CO_2-Intensität der zugrunde liegenden Prozesse (etwa durch eine Erhöhung des Anteils erneuerbarer Energie).

In einzelnen Industriebereichen gibt es unterschiedliche Möglichkeiten, durch eine Kombination beider Mechanismen eine ausreichend große Emissionsreduktion zu erreichen. Diese sollen hier nicht im Einzelnen thematisiert werden – dazu gibt es bereits zahlreiche Studien, die die erforderlichen Maßnahmen zum Beispiel im Stahlsektor, in der Zementindustrie oder im Chemiesektor darlegen.[40] Viel wichtiger ist, dass Unternehmen die Dekarbonisierung als strategische Managementaufgabe verstehen, deren Planung und Umsetzung nicht losgelöst von der eigenen Unternehmensstrategie erfolgen kann. Im Kern einer solchen Strategie steht eine klare Identifikation als klimaneutrales Unternehmen der Wirtschaft.

Verbindliche Klimaziele setzen

Bisher waren Unternehmen in der Formulierung ihrer CO_2-Reduktionsziele verhältnismäßig frei und konnten ihre Ziele und Bemühungen weitgehend selbst festlegen. Es reicht aber nicht aus, ungeplant Reduktionsmaßnahmen zu implementieren. Ausgangspunkt jeder Reduktionsstrategie sollte vielmehr eine CO_2-Bilanz des Unternehmens – der sogenannte Corporate Carbon Footprint – sein, die aufzeigt, an welchen Stellen im Unternehmen und in der Wertschöpfungskette die meisten Emissionen anfallen und damit auch die größten Reduktionspotenziale schlummern. Durch eine regelmäßige Erfassung der Emissionen können Fortschritte und Entwicklungen dargestellt und Fehlentwicklungen frühzeitig erkannt werden. Zudem bildet die CO_2-Bilanz die Grundlage für die Formulierung von Klimazielen.

Grundsätzlich gibt es zwei mögliche Arten von Klimazielen, die sich Unternehmen setzen können: Potenzialbasierte Ziele nehmen das individuelle Reduktionspotenzial des Unternehmens als Ausgangspunkt und stellen die Frage: Wie stark können wir unsere Emissionen reduzieren? Potenzialbasierte Ziele sind von Unternehmen zu Unternehmen unterschiedlich und damit schlecht vergleichbar. Zudem fallen sie oft zu wenig ambitioniert aus, sind zu unspezifisch und zu weit in die Zukunft gerichtet.

Wissenschaftsbasierte Ziele drehen die Herangehensweise um und stellen die Frage: Wie stark müssen wir unsere Emissionen reduzieren, um die Ziele des Pariser Klimaabkommens zu erreichen? Einen Meilenstein bei der Entwicklung von wissenschaftsbasierten Reduktionszielen für Unternehmen stellt daher die 2015 ins Leben gerufene Science-Based Target Initiative (SBTi) dar. Diese verfolgt den Ansatz, Reduktionsziele nicht potenzialbasiert, sondern aufbauend auf der Reduktionsnotwendigkeit zu formulieren. Wissenschaftsbasierte Reduktionsziele werden grundsätzlich auf Basis einer festgelegten Methodik entwickelt. Prinzipiell legt das Unternehmen kein eigenes Ziel fest, sondern dieses ergibt sich vielmehr aus den Parametern, mit denen das Unternehmen die Berechnung angestoßen hat. Die Umsetzung einer Net-Zero-Strategie erfordert im Regelfall von Unternehmen massive Anstrengungen, da die gesetzten Ziele in den meisten Fällen ohne weitreichende Veränderungen in den Geschäftsprozessen, den Lieferstrukturen oder den Geschäftsmodellen kaum zu erreichen sind. Die spezifischen Herausforderungen unterscheiden sich dabei stark von Branche zu Branche. Generell macht bei produzierenden Unternehmen die Herstellung von Rohstoffen und Vorprodukten einen Großteil der Emissionen aus, häufig spielt aber auch die Nutzungsphase der hergestellten Produkte eine bedeutende Rolle.

Klimaschutz als gemeinsame Aufgabe verstehen

Unternehmen, die sich mit einer eigenen Reduktionsstrategie auseinandersetzen, stellen schnell fest, dass sie nur einen geringen Teil ihrer Emissionen direkt beeinflussen können. Der Großteil der Emissionen entsteht bei den meisten Unternehmen indirekt durch die bezogene Energie oder in der Lieferkette. Eine der wichtigsten Erkenntnisse aus der Praxis ist deshalb, die Abhängigkeit der eigenen Reduktionsstrategie von der Lieferkette zu erkennen und zu adressieren. Schließlich können die eigenen Produkte nur »grün« werden, wenn auch die dafür verwendeten Rohstoffe nachhaltig sind, und das kann nur langfristig und in Zusammenarbeit mit Lieferanten und Kunden gelingen.

Einige Industrieunternehmen sind in diesem Bereich bereits Vorreiter und haben gemeinsam mit ihren Lieferanten Programme aufgesetzt, um den CO_2-Fußabdruck der Lieferkette deutlich zu verringern. Da die CO_2-Emissionen der Lieferkette bei Industrieunternehmen oftmals 70 Prozent oder mehr der Gesamtemissionen ausmachen, können dadurch die CO_2-Emissionen bereits mittelfristig deutlich gesenkt werden.[41]

Kreislaufwirtschaft und Ressourceneffizienz fördern

Ein weiterer wichtiger Hebel liegt in der Förderung des Circular-Economy-Gedankens. Denn den geringsten Fußabdruck haben Materialien und Rohstoffe, die gar nicht erst hergestellt oder abgebaut werden müssen, weil sie bereits existieren.

Mehr als 100 Milliarden Tonnen Rohstoffe wie Öl, Gas und Metalle werden jedes Jahr aus der Erde gefördert, von denen laut Circularity Gap Report von 2023 nur 8,6 Prozent wiederverwertet werden können – ein irrsinniger Raubbau, der zum Schutz der Umwelt und des Klimas dringend eingedämmt werden muss. Dies könnte gelingen, wenn eine Kreislaufwirtschaft etabliert würde, bei der aus dem Abfall die ursprünglichen Stoffe regeneriert und wiederverwendet werden könnten. Nach Berechnungen der Ellen-McArthur-Stiftung hätte eine solche Kreislaufwirtschaft das Potenzial, den Ausstoß von Emissionen um 45 Prozent zu senken. Das könnte beispielsweise gelingen, wenn in der Chemieindustrie Kohlenstoff nicht mehr aus Öl und Gas gewonnen

Ressourcen > **Design** >

Produktion

würde, sondern aus Altkunststoffen, Pflanzen oder sogar aus CO_2 selbst.[42]

Um die Kreislaufwirtschaft konsequent umzusetzen, müssen Unternehmen aber viel mehr tun, als konventionelle Rohstoffe durch Rezyklate zu ersetzen – der Gedanke der Kreislaufwirtschaft beginnt schon in der Designphase.

Sehr viele Geschäftsmodelle basieren nach wie vor auf der Fabrikation und dem Verkauf von physischen Produkten. Ein Beispiel ist das Smartphone, das seit der Vorstellung des ersten iPhones im Jahr 2007 den Weltmarkt erobert hat. Wegen immer neuer Innovationen, aber auch aufgrund geschickten Marketings hatten die Geräte in der Anfangszeit nur eine Nutzungsdauer von wenigen Jahren, bevor sie durch ein neues Modell ersetzt wurden. Auch heute noch ist das Geschäftsmodell von Apple zu mehr als der Hälfte vom Verkauf von iPhones abhängig.[43]

Vertrieb

Leihen statt Kaufen

Wesentlich nachhaltiger sind Sharing-, Leasing- oder Rental-Modelle nach dem Pay-per-Use-Ansatz: Es steht nicht mehr der Besitz eines Produkts im Vordergrund, sondern die Möglichkeit, bei Bedarf unkompliziert darauf zugreifen zu können. Dieses Konzept eignet sich in erster Linie für Produkte, die nur gelegentlich genutzt werden, wie etwa Elektrowerkzeuge, Rasenmäher oder manche Fahrzeuge. Doch auch DaaS (Device as a Service), also das Leasing von Smartphones, gewinnt an Popularität. Hierdurch wird sichergestellt, dass alte Geräte nicht im Müll landen, sondern wiederaufbe-

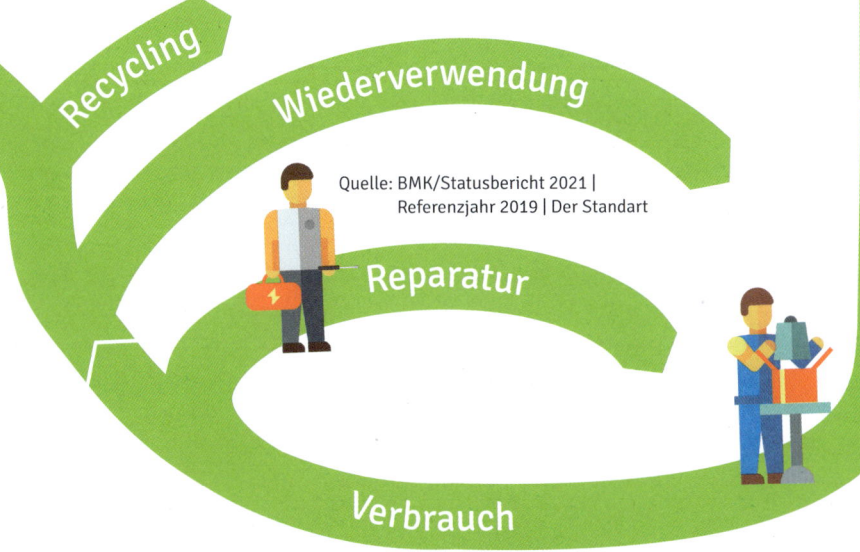

Recycling **Wiederverwendung**

Quelle: BMK/Statusbericht 2021 | Referenzjahr 2019 | Der Standart

Reparatur

Verbrauch

reitet und einer zweiten Nutzung zugeführt werden können. Allerdings sind die Angebote in diesem Bereich sehr begrenzt und noch sehr ausbaufähig. Leider basiert das Geschäftsmodell vieler Handelsketten auf dem Verkauf. Besonders dramatisch drückt sich das im Non-Food-Sortiment der Lebensmittelketten aus: Mit extrem günstigen Preisen werden die Kundinnen und Kunden gezielt zum Kauf von Produkten animiert, und es werden dabei Bedürfnisse geweckt, die davor gar nicht vorhanden waren. Viele dieser Produkte verschwinden anschließend im Keller oder werden nur sehr selten genutzt. Oft ist ihre Lebensdauer aufgrund der – im Vergleich zu Markenprodukten – teilweise schlechteren Produktqualität eher gering.

Bioökonomie

Es geht aber nicht nur um die Quantität oder Qualität neuer Produkte, sondern auch um die Art der verwendeten Rohstoffe. Immer mehr Produkte werden heute aus Kunststoffen hergestellt, die zum Großteil aus Erdöl gewonnen werden. Biobasierte Kunststoffe, die aus Pflanzen oder anderen organischen Materialien erzeugt werden, machen aktuell nur einen Anteil von etwa einem Prozent der weltweiten Produktion aus[44] – dabei hat Biokunststoff zwei große Vorteile: Erstens ist er erneuerbar, das heißt, für die Herstellung werden keine Ressourcen verbraucht, die letztlich endlich sind. Zweitens stoßen Biokunststoffe bei der Entsorgung (zum Beispiel durch Verbrennung) nur so viele CO_2-Emissionen aus, wie die verwendeten Materialien beim Wachstum gebunden haben. Und bei Produkten mit einer langen Nutzungsdauer (zum Beispiel im Gebäudesektor) bleibt das CO_2 auch langfristig gebunden. Leider werden Biokunststoffe bisher größtenteils nur im Verpackungsbereich eingesetzt, beispielsweise für Verpackungschips, die auf Basis von Stärke hergestellt werden, oder Tragetaschen und Tüten.

Abfälle vermeiden

Und was hergestellt wurde, muss auch irgendwann wieder entsorgt werden: Schon heute sind die großen Mengen an Kunststoffabfällen ein enormes Problem. Entweder setzen sie bei der Verbrennung Schadstoffe und CO_2-Emissionen frei, oder sie verseuchen in Form von Mikroplastik und Müllteppichen die Weltmeere und belasten Meeresorganismen. Die Organisation für wirtschaftliche Zusammenarbeit und Entwicklung erwartet bis 2060 nahezu eine Verdreifachung der weltweiten Kunststoffabfälle[45] – mit dramatischen Folgen. Auch hier müssen Konzepte aus der Kreislaufwirtschaft dringend stärkere Berücksichtigung finden.

Was private Haushalte tun können

Auch Privatpersonen können durch ihr Handeln Einfluss auf die Reduktion von Emissionen in der Industrie nehmen, wobei sie den weitaus größten Hebel mit ihrem Konsumverhalten haben. Von den 11,17 Tonnen CO_2-Äquivalenten, die eine Person in Deutschland im Jahr verursacht, entfällt der größte Anteil auf den Konsum (3,79 Tonnen CO_2e). Durch den Kauf von umweltfreundlichen Produkten und Dienstleistungen können Privatpersonen die Nachfrage nach nachhaltigen und alternativen Optionen deutlich zum Ausdruck bringen und dadurch im Lauf der Zeit auch das Handeln der Hersteller beeinflussen.

Durchschnittliche jährliche Treibhausgasbilanz in Tonnen pro Person in Deutschland

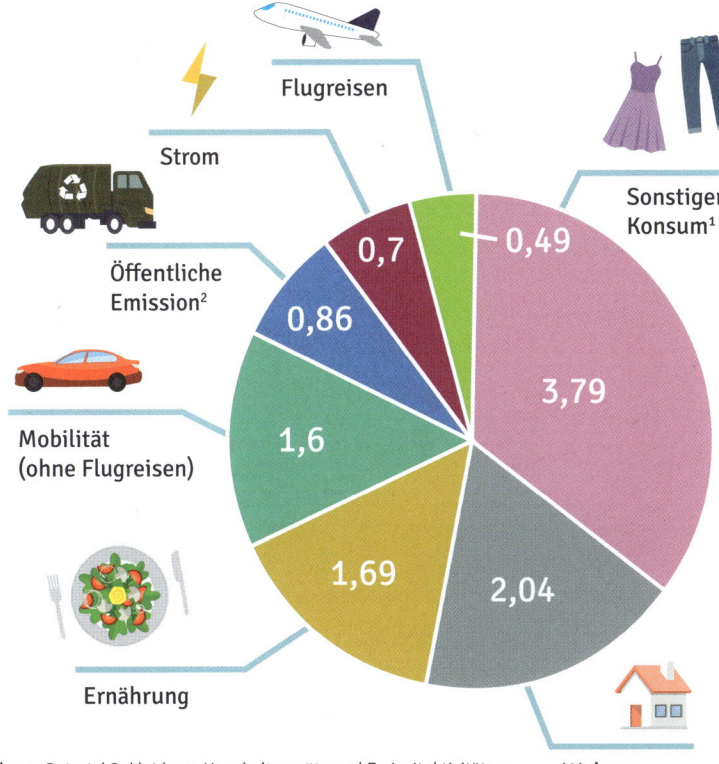

[1] zum Beispiel Bekleidung, Haushaltsgeräte und Freizeitaktivitäten
[2] zum Beispiel Wasserversorgung, Wasserentsorgung und Abfallbeseitigung
Quelle: https://de.statista.com/statistik/daten/studie/1275275/umfrage/treibhausgasbilanz-pro-person/#:~:text=Eine%20Person%20verursacht%20in%20Deutschland,zum%20Beispiel%20Bekleidung%20und%20Freizeitaktivitäten).

Durch die Organisation oder Teilnahme an (Bürger-)Aktionen wie Beschwerden, Protesten, Demonstrationen, Unterschriftensammlungen, Petitionen oder die Ausübung von öffentlichem Druck in den sozialen Medien sowie durch das Engagement in Umwelt- und Klimaorganisationen können Privatpersonen Unternehmen dazu bewegen, auf klimafreundlichere Produkte und Herstellungsweisen umzusteigen.

Außerdem können Privatpersonen auf finanzieller Ebene Einfluss nehmen, indem sie Geld in nachhaltige Unternehmen investieren – zum Beispiel in Form von grünen Fonds. Das Geld fließt dann in Unternehmen, die klimafreundlichen Geschäftsmodellen folgen, und motiviert gleichzeitig andere, ihren Betrieb umweltfreundlicher zu führen.

Jeder von uns kann Energie sparen und auf erneuerbare Energien umsteigen: Das verbessert nicht nur unseren eigenen ökologischen Fußabdruck, sondern die daraus resultierende Nachfrage nach klimaschonenden Technologien und Energien bringt auch die Industrie unter Zugzwang, sich diesbezüglich umzuorientieren.

Zu guter Letzt ist es wichtig, dass Privatpersonen ihr gesammeltes Wissen sowie ihre nachhaltigen Alltagspraktiken und ihr Klimaengagement mit ihren Mitmenschen teilen und so auch andere für den Klimaschutz sensibilisieren. Nur ein breites Bewusstsein der Problematik wird auf Dauer zu veränderten Verhaltensweisem im Privaten führen und dadurch auch Einfluss auf das Handeln von Unternehmen haben können.

Gleich loslegen!

Tipps für dich und mich

- durch den Kauf von nachhaltigen Produkten Einfluss auf die Hersteller ausüben

- das eigene Konsumverhalten prüfen – weniger ist manchmal mehr

- in Europa oder Deutschland hergestellte Produkte beziehen

- sich bei Umwelt- und Klimaverbänden engagieren

- Geld in nachhaltige Unternehmen oder Fonds investieren

- Klimaschutz zum Thema machen und Bewusstseinsbildung vorantreiben

- bereits Kinder fürs Energiesparen sensibilisieren

Tipps für Unternehmen

- CO_2-Bilanzierung für den eigenen Betrieb vornehmen

- verbindliche Klimaziele nach wissenschaftlichen Standards setzen

- CO_2-Emissionen in der Lieferkette ermitteln und reduzieren. Lieferanten für Dekarbonisierung sensibilisieren

- recycelte oder biobasierte Rohstoffe nutzen sowie eigene Produkte durch zirkuläres Design recyclingfähiger gestalten

- durch Materialeinsparungen im Produktdesign weniger Ressourcen nutzen sowie Transportemissionen senken

- Gerade große Unternehmen sollten sich intensiv mit den Anforderungen der neuen Nachhaltigkeitsberichtspflicht (CSRD) auseinandersetzen – aber auch kleine Unternehmen sind indirekt als Lieferant von der Berichtspflicht betroffen

- Nachhaltigkeit in Unternehmensstrategie implementieren – Geschäftsmodelle auf Nachhaltigkeit prüfen

- den Einsatz industrieller Wärmepumpen für die Erzeugung von Prozesswärme prüfen

Wo wir stehen

Der Gebäudesektor steht in Deutschland vor großen Herausforderungen. Es gibt einen sehr hohen Bedarf an Wohnraum, der gemäß Koalitionsvertrag der »Ampelparteien« von 2021 unter anderem durch den Neubau von jährlich 400.000 Wohnungen gedeckt werden soll. Gleichzeitig müssen bestehende Gebäude energetisch umfassend saniert werden, da ihr Energiebedarf im Schnitt fünfmal höher ist als der von Neubauten.

Bisher werden aber zu wenige Häuser und Wohnungen modernisiert: Jedes Jahr werden laut dem Kölner Institut der deutschen Wirtschaft (IW) nur rund 500.000 Wohneinheiten energetisch vollständig saniert. Um die deutschen Klimaziele zu erreichen, müssten es aber doppelt so viele sein. Bei über 40 Millionen Wohnungen in Deutschland liegt die Sanierungsquote damit bei etwas mehr als einem Prozent im Jahr.[46] Das Problem: Die aktuellen Rahmenbedingungen sind nicht geeignet, um genügend Gebäudeeigentümer davon zu überzeugen, in ihr Gebäude zu investieren und energetische Effizienzmaßnahmen durchzuführen.

Angesichts des hohen Ressourceneinsatzes, Flächenbedarfs und Energieverbrauchs sowie der großen Abfallmengen in der Herstellungs-, Bau- und Nutzungsphase muss gerade im Gebäudesektor für den Klima- und Ressourcenschutz sowie für die Erhaltung unserer Ökosysteme noch sehr viel getan werden. Ziel des Bundes-Klimaschutzgesetzes ist es, die Gesamtemissionen im Gebäudesektor praktisch zu halbieren – von derzeit 112 Millionen Tonnen CO_2-Äquivalenten (CO_2e) auf 67 Millionen Tonnen.

Wie das Umweltbundesamt im März 2023 mitteilte, betrug die Reduktion im Vergleich zum Vorjahr etwa sechs Millionen Tonnen CO_2e (minus 5,3 Prozent). Trotz dieser Emissionsminderung überschreitet der Gebäudesektor – wie bereits im Vorjahr – die vom Bundes-Klimaschutz erlaubte Jahresemissionsmenge von 107,4 Millionen Tonnen CO_2-Äquivalenten. Der Rückgang der Emissionen 2022 ist vor allem auf die gestiegenen Erdgas- und Ölpreise infolge des Krieges in der Ukraine und die damit verbundenen Stopps russischer Gaslieferungen zurückzuführen – die Menschen haben Energie gespart.

Unser Gebäudebestand

Laut Statistischem Bundesamt gab es 2021 in Deutschland 19,4 Millionen Wohngebäude. Davon waren knapp 16,1 Millionen Einfamilienhäuser sowie 3,3 Millionen Mehrfamilienhäuser. Der Bestand an Wohngebäuden wächst jährlich und damit auch die Gesamtgröße der Wohnfläche in Wohngebäuden.

Weniger als die Hälfte der Deutschen lebten in der eigenen Immobilie – so wenige wie in keinem anderen Land Europas. Die Wohneigentumsquote in Italien liegt beispielweise bei 74 und in Ungarn sogar bei 90,5 Prozent.

Anteil der Wohngebäude nach Sanierungsstand (alle Bundesländer, 2002–2021)

8,5 % Neubau

5,3 % Vollsanierung

50,2 % teilsaniert

36,0 % unsaniert

Quelle: https://www.wohngebaeude.info/daten/#/sanieren/bundesweit

Um die »Klimaneutralität« im Gebäudesektor zu erreichen, müssen bis 2045 drei Viertel der rund 19 Millionen Gebäude saniert werden.[47] Das sind etwa 2.500 Gebäude pro Tag. Bereits 2010 formulierte die Bundesregierung das Ziel, die energetische Sanierungsrate bis 2020 auf zwei Prozent zu erhöhen. Bisher verharrt diese aber auf dem niedrigen Niveau von etwa einem Prozent. Die Gründe hierfür sind die hohen Baukosten und stark gestiegene Zinsen. Außerdem fehlen Anreize zur energetischen Sanierung beim Verhältnis Vermieter/Mieter, obwohl Mietwohnungen einen Anteil von gut der Hälfte am gesamten Wohnungsbestand haben. Verschärft wird die Problematik durch den Fachkräftemangel.

Welche Heizungen hat Deutschland?[48]

Jede zweite Heizung wurde 2021 noch mit dem konventionellen Energieträger Gas betrieben. Gegenüber 1995 ist der Anteil der Gasheizungen damit um rund zwölf Prozent gestiegen. Derzeit geht die Tendenz aber wieder nach unten, da seit 2022 zumindest in Neubauten Gasheizungen nur noch zu 28 Prozent als primäre Heizung genutzt wurden. Neben den klassischen Gasheizungen gibt es auch Brennstoffzellenheizungen, die mit Erdgas und Wasserdampf betrieben werden.

Ölbetriebene Heizungen nahmen im Zeitraum 1990 bis 2021 dagegen deutlich ab, allerdings sind immer noch ein Viertel der Heizungen von Öl abhängig. Über 50 Prozent aller Gas- und Ölheizungen sind schon mindestens 20 Jahre alt – rund acht Prozent aller Ölheizungen wurden sogar vor dem Jahr 1985 installiert. Über die Hälfte des deutschen Heizungsbestands ist aufgrund des hohen Alters unzureichend effizient.

Heizungen, die mit erneuerbaren Energien betrieben werden (siehe den nächsten Abschnitt »Entwicklungen bei Neubauten«), nehmen insgesamt zu. Neben Erd- oder Luftwärmepumpen (Geo- oder Umweltthermie) zählen dazu Solarthermie- und Photovoltaikanlagen, Pelletheizungen oder Kaminöfen sowie Heizungen, die mit Biogas/Biomethan und sonstiger Biomasse befeuert werden.

Fern-/Nahwärme stellt eine weitere Energiequelle für 14 Prozent der Wohnungen dar. Die Wärme stammt meistens aus Heizkraftwerken oder Blockheizkraftwerken, die in Kraft-Wärme-Kopplung betrieben werden und damit neben Wärme auch Strom erzeugen. Hier lässt sich nahezu jede denkbare Energiequelle nutzen.

Des Weiteren gibt es Blockheizkraftwerke, die sowohl mit konventionellem Erdgas als auch zum Beispiel mit Pellets oder Bio- und Pflanzenöl betrieben werden können.

Entwicklungen bei Neubauten

Drei Viertel der 2022 fertiggestellten Wohngebäude werden ganz oder teilweise mit erneuerbaren Energien beheizt. Laut Statistischem Bundesamt (Destatis) bedeutet das gegenüber dem Jahr 2021 einen Anstieg um vier Prozentpunkte auf knapp 71 Prozent.

Endenergiebedarf zur Wärmebereitstellung im Gebäudesektor im Jahr 2020 nach Energieträgern

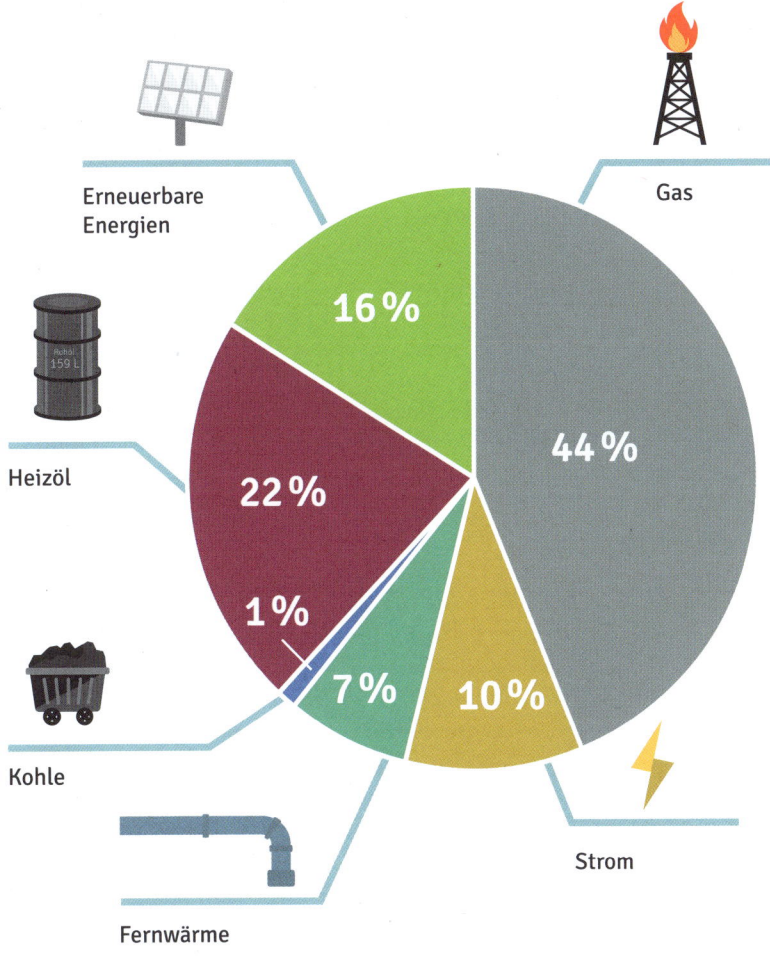

Quelle: BDEW – Bundesverband der Energie- und Wasserwirtschaft

Spitzenreiter sind dabei Zweifamilienhäuser, bei denen zu 81 Prozent erneuerbare Energieträger zum Einsatz kommen, dicht gefolgt von neu gebauten Einfamilienhäusern mit 77 Prozent. Bei Häusern mit drei oder mehr Wohnungen sind es knapp 60 Prozent. Erneuerbare Energien werden als Hauptenergiequelle zum Heizen in mehr als der Hälfte der 103.525 in 2022 fertiggestellten Wohngebäude genutzt.

In der Mehrheit wurden dabei Wärmepumpen eingebaut – allein von 2021 bis 2022 stieg ihr Anteil bei Neubauten von knapp 51 auf 57 Prozent, im Jahr 2015 hatte der Anteil noch bei 31 Prozent gelegen. Sie kamen vor allem bei 2022 fertiggestellten Ein- und Zweifamilienhäusern, aber deutlich seltener in Mehrfamilienhäusern (36 Prozent) zum Einsatz. Diese werden zu 21 Prozent mit Fernwärme und zu 34 Prozent mit Erdgas beheizt.

Als zweitwichtigste primäre Energiequelle wurde in 28 Prozent der Neubauten auf Erdgas zurückgegriffen. Kamen weitere (sekundäre) Energiequellen zum Einsatz, handelte es sich meistens um Strom sowie Solarthermie und Holz.

Auch bei der Planung von neuen Wohngebäuden stehen Heizungen mit erneuerbaren Energien hoch im Kurs: Erfreuliche 83 Prozent der 2022 genehmigten rund 110.700 Wohngebäude sollen ganz oder teilweise mit erneuerbaren Energien beheizt werden, wobei als primäre Heizung meist Wärmepumpen geplant sind.

Gasheizungen werden hingegen immer seltener neu eingebaut: 2022 in Neubauten nur noch zu 28 Prozent, 2015 hatte der Anteil noch bei 52 Prozent gelegen. Der Marktanteil von Biomassekesseln liegt bei rund acht Prozent, und das Schlusslicht stellen Ölheizungen mit einem Anteil von rund fünf Prozent dar.[49]

CO$_2$-Emissionen

Der Gebäudesektor umfasst die Emissionen der stationären und mobilen Verbrennungsprozesse. Hierbei handelt es sich um die Bereiche Gewerbe, Handel, Dienstleistung (GHD), Haushalte und Militär. Nicht enthalten sind Gebäude des Industriebereichs sowie gebäudeferne Emissionen aus der Energiewirtschaft (Strom und Fernwärme) oder dem Mobilitätssektor.

Berücksichtigt sind dabei ausschließlich Emissionen, die durch den Betrieb der Gebäude ausgestoßen werden. Der Energiebedarf und die Emissionen, die bei der Herstellung von Baustoffen entstehen, sind dem Sektor Industrie zugeordnet. Etwa 35 Prozent des Endenergieverbrauchs und etwa 30 Prozent der gesamten CO$_2$-Emissionen in Deutschland werden durch den Betrieb von Gebäuden verursacht, wenn man auch den Strom und Fernwärmeverbrauch der Gebäude mit einrechnet.

Der Gebäudesektor ist damit einer der größten Erzeuger von klimaschädlichen Emissionen. Er verbraucht viele Material- und Energieressourcen und hinterlässt gleichzeitig große Mengen an Abfall. Insbesondere Beton ist sehr

CO$_2$-Emissionen des gebäuderelevanten Endenergieverbrauchs

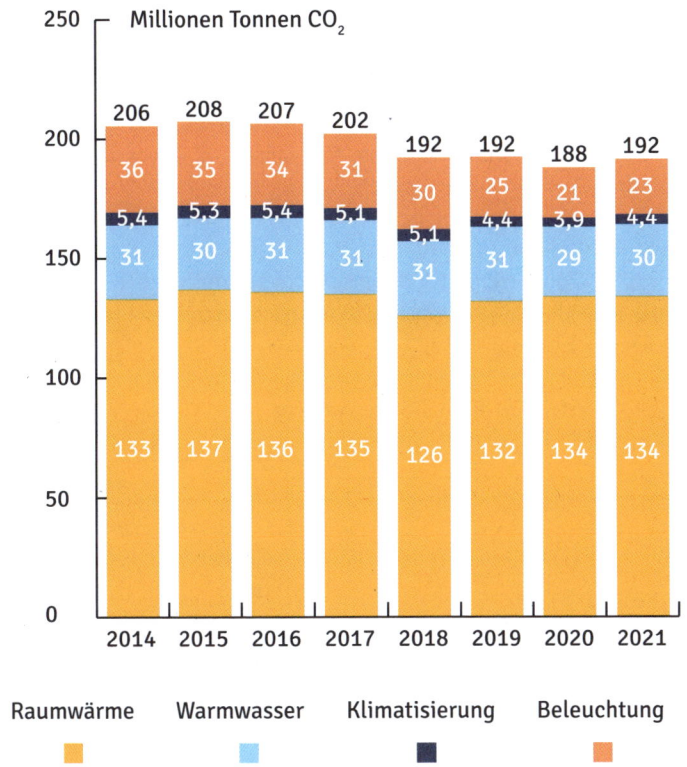

Millionen Tonnen CO$_2$

In die Bilanzgrenzen des Klimaschutzgesetzes fallen nur die direkten CO$_2$-Emissionen der Gebäude der beiden Sektoren »Private Haushalte« und »Gewerbe, Handel, Dienstleistungen«. Das sind rund 15 Prozent. Inklusive der Sektoren »Nutzung von Strom und Fernwärme« sowie »Industriegebäude« liegt der Anteil bei 30 Prozent.

Quelle: https://www.bmwk.de/Redaktion/DE/Publikationen/Energie/energieeffizienz-in-zahlen-2022.html

klima- und umweltschädlich: Um Beton anzumischen, benötigt man Sand, Kies und Zement. Zur Herstellung von Zement, einem wichtigen Bestandteil von Beton, wird erst ein Gemisch aus Kalkstein und Ton zu »Mehl« vermahlen und getrocknet. Anschließend werden die kleinen Kalkstein- und Tonteilchen bei etwa 1.450 Grad im Ofen gebrannt. Neben dem Energieverbrauch für den Prozess entsteht durch chemisch-physikalische Umwandlungsprozesse auch CO$_2$, das sich quasi aus dem Gestein löst. Diese Prozedur verursacht allein in Deutschland jedes Jahr etwa 20 Millionen Tonnen CO_2e. Weltweit sind es knapp drei Milliarden Tonnen, das sind etwa acht Prozent der gesamten weltweiten CO_2-Emissionen.

Außerdem kommen beim Bau Holz, Kunststoffe, Ziegel, Stahl und (mineralische) Dämmstoffe zum Einsatz. Für die Gewinnung dieser Baustoffe, deren Nachfrage derzeit ständig wächst, wird nicht nur deutschlandweit, sondern auf der ganzen Welt in die letzten natürlichen Ökosysteme eingegriffen, denn viele Sandvorkommen liegen in Naturschutzgebieten. Außerdem sind die Ressourcen im Allgemeinen begrenzt, und Deutschland muss z. B. Metallerze fast vollständig aus dem Ausland importieren.

Lebenszyklus Gebäude

Gebäude verbrauchen während ihres gesamten Lebenszyklus Energie in unterschiedlichen Formen. Zu einem Lebenszyklus gehören folgende Phasen:

- Planung/Herstellung (auch die Gewinnung der Rohstoffe)
- Errichtung (inklusive Transport der Baustoffe etc.)
- Nutzung und Betrieb
- Instandhaltung und Modernisierung
- Umnutzung/Weiternutzung
- Rückbau
- Wiederverwendung/Recycling/ Entsorgung

Einen hohen Anteil der Energie (etwa 50 Prozent) im Lebenszyklus eines Gebäudes verbraucht die sogenannte Graue Energie – die Energie, die für Herstellung, Transport, Lagerung, Verkauf sowie Rückbau und Entsorgung benötigt wird. Bei Nutzung und Betrieb eines Gebäudes unterscheidet man zwischen direkter Energie (für das Heizen der Räume und für das Warmwasser) sowie indirekter Energie (Nutzung von Strom oder Fernwärme). Wobei der größte Anteil der Energie für die Raumwärme benötigt wird.[50] Eine ganzheitliche Planung/Analyse des Lebenszyklus eines Gebäudes ist daher von entscheidender Bedeutung, denn in sämtlichen Phasen stecken enorme Möglichkeiten, CO_2-Emissionen einzusparen und Ressourcen zu schonen und damit ein nachhaltigeres Bauen zu erreichen. Einflussmöglichkeiten haben hier auch Dienstleister, allen voran im Bereich Facility-Management (FM). Hervorzuheben ist hier insbesondere der Teilbereich Gebäudemanagement, wozu auch die Gebäudereinigung zählt. So können beispielsweise auch nachhaltige Reinigungskonzepte, wie Green Clean der Wackler Group, CO_2-Emissionen einsparen.

Kohlendioxidemission nach Anwendungsbereich[1] im Bedarfsfeld »Wohnen« 2020

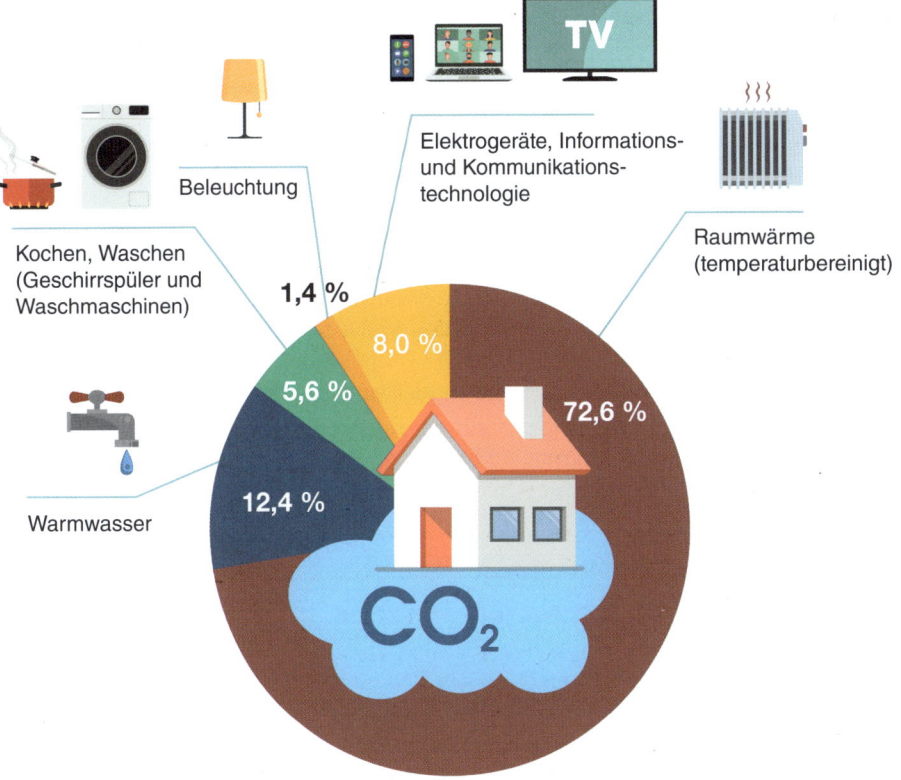

Beleuchtung

Elektrogeräte, Informations- und Kommunikationstechnologie

Kochen, Waschen (Geschirrspüler und Waschmaschinen)

Raumwärme (temperaturbereinigt)

1,4 %

8,0 %

5,6 %

72,6 %

12,4 %

Warmwasser

[1] einschließlich Emissionen aus der Verbrennung von Biomasse (z. B. Brennholz) und Biotreibstoffen

Quelle: Statistisches Bundesamt (Destatis) 2022, Umweltökonomische Gesamtrechnungen, Private Haushalte und Umwelt, Berichtszeitraum 2000–2020

Wo wir hinwollen

Die Emissionen im Gebäudesektor sollen bis 2030 von 112 (2022) auf 66 Millionen Tonnen CO_2e reduziert werden. Das entspräche einer Minderung der Emissionen gegenüber 1990 um 69 Prozent. Bis 2045 verfolgt die Bundesregierung sogar das Ziel, einen »nahezu klimaneutralen« Gebäudebestand zu erreichen. Es wird angestrebt, »dass die Gebäude nur noch einen sehr geringen Energiebedarf aufweisen und der verbleibende Energiebedarf überwiegend, also zu mehr als 50 Prozent, durch erneuerbare Energien gedeckt wird.[51]

Für Bestandsgebäude gibt es aktuell nur wenige Sanierungspflichten. Und von diesen sind Eigentümer von Ein- und Zweifamilienhäusern ausgenommen, wenn sie das Gebäude seit mindestens 1. Februar 2002 selbst bewohnen. Beim Verkauf oder Erbe ist dann der neue Eigentümer innerhalb von zwei Jahren zur Nachrüstung verpflichtet. In diesem Fall sollte eine Dachdämmung oder eine Dämmung der obersten Geschossdecke erfolgen.[52]

Ein ambitioniertes Ziel, das wohl aus heutiger Sicht kaum zu erreichen ist, dennoch wären auch 80 Prozent Zielerreichung ein großer Erfolg. Im März 2023 stimmte das EU-Parlament für strengere Anforderungen an die Energieeffizienz von Gebäuden. Geplant ist dafür – ähnlich wie bei Haushaltsgeräten, die Gesamtenergieeffizienzklasse auf einer Skala von »A« bis »G« anzugeben. Das angestrebte Ziel wäre dabei, dass Wohngebäude bis 2030 mindestens die Energieeffizienzklasse »E« und bis 2033 die Energieeffizienzklasse »D« erreichen. Überproportional viele Eigenheime würden nach heutigem Stand dann den Energieklassen »G« und »H« zugeordnet werden. Das könnte im schlimmsten Fall zur Folge haben, dass rund 40 Prozent der 16 Millionen Ein- und Zweifamilienhäuser zwangssaniert werden müssten.[53]

Das Gebäudeenergiegesetz umsetzen

Die negativen Auswirkungen der ersten Ölkrise von 1973 lösten in Deutschland ein Umdenken in Bezug auf fossile Ressourcen aus: Ein begrenzter Einsatz und vor allem weniger Abhängigkeit von Öl wurden als Ziele im »Gesetz zur Einsparung von Energie in Gebäuden« oder auch »Energieeinsparungsgesetz« (EnEG) formuliert. Für die Bürger hatte das erst einmal keine unmittelbaren Auswirkungen. Aber die Bundesregierung kann seitdem Verordnungen erlassen, die die energetische Effizienz von Gebäuden verbessern sollen – dazu gehörten in der Vergangenheit zum Beispiel die Heizkostenabrechnung, die Heizungsanlagen- und die Wärmeschutzverordnung. Mittlerweile wurde das EnEG mehrfach abgeändert und 2020 durch das Gebäudeenergiegesetz (GEG) abgelöst.

Die von der Regierung neu vorgestellten Regelungen des GEG, das sogenannte Heizungsgesetz, sollen im Herbst 2023 nach Prüfung verabschiedet werden. Diese Gesetzesnovelle soll sicherstellen, dass in Zukunft nur noch Heizungen eingebaut werden dürfen, die mit mindestens 65 Prozent erneuerbaren Energien betrieben werden können. Diese Regelung soll von 2024 an gelten und zunächst nur auf Neubauten beschränkt sein, in denen bereits ein hoher Anteil von zum Beispiel klimafreundlicheren Wärmepumpen verbaut wird. Eigentümerinnen und Eigentümer, die bis dato befürchtet hatten, dass ihre Öl- oder Gasheizung schon im kommenden Jahr ausgetauscht werden muss, hätten also noch Zeit. Außerdem soll niemand seine Gasheizung ausbauen müssen, die ordnungsgemäß funktioniert oder repariert werden kann. Zudem gäbe es laut Bundesregierung auch keine Verbote und keine Eingriffe ins Eigentum. Was sich aber nicht ändern soll, ist die bereits existierende Vorgabe im GEG, wonach unter konkreten Voraussetzungen und mit Ausnahmen bestimmte Öl- und Gasheizungen ausgetauscht werden müssen, die älter als 30 Jahre sind.

Neue Energieeffizienzklassen für Gebäude

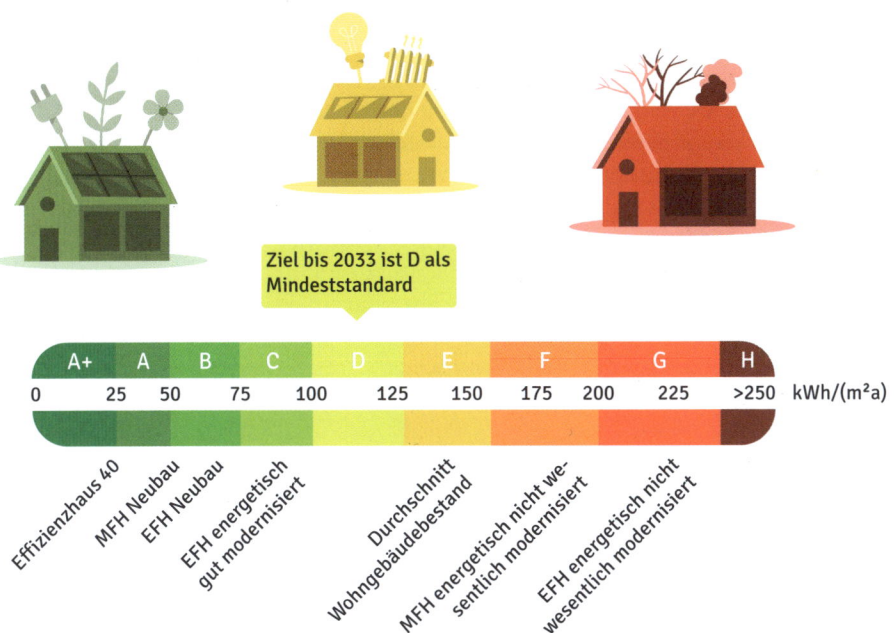

Quelle: https://www.dein-heizungsbauer.de/ratgeber/bauen-sanieren

Dennoch bringen das Ziel der Bundesregierung, den Gebäudebereich bis zum Jahr 2045 »nahezu klimaneutral« zu bekommen, sowie die damit verbundenen möglichst zügigen Gebäudesanierungen und -modernisierungen Kommunen und Städte in den nächsten zwei Jahren in Zugzwang: Demnach müssen Großstädte mit mehr als 100.000 Einwohnern bis spätestens 2028 unter anderem einen kommunalen Wärmeplan vorlegen. Dieser soll Hausbesitzerinnen und Hausbesitzern Antworten geben auf die Fragen »Wo ergibt ein Nah- und Fernwärmenetz Sinn, wo eher elektrische Lösungen wie eine Wärmepumpe, wo eine Umstellung auf ein Gas- oder Wasserstoffnetz« und damit eine Entscheidungsgrundlage schaffen. Der Zugang zu Nah- und Fernwärmenetzen spielt eine zentrale Rolle für eine erfolgreiche Wärmewende im Gebäudesektor. Gerade in urbanen Ballungszentren, in denen es sehr häufig wenig Handlungs-spielräume bei der Heizungssanierung gibt, ist der Zugang zu Nah- und Fern-wärmenetzen elementar. Und hier muss dringend nachgerüstet werden. Denn gemäß Energiewirtschaftsverband BDEW wurde 2022 bei 14,2 Prozent der 43,1 Millionen Wohnungen in Deutschland Fernwärme bezogen – das entspricht nur jeder siebten Wohnung. Der Anteil hat sich in den vergangenen 20 Jahren verhältnismäßig wenig erhöht, 2003 lag er bei 12,4 Prozent.[54]

Auch nach dem 1. Januar 2024 soll es noch möglich sein, eine Gas- oder Ölheizung einzubauen. Diese müssen künftig aber mindestens zu 65 Prozent mit grünen Gasen wie Biomethan betrieben werden oder mit erneuerbaren Heizungssystemen kombiniert werden können. Bis zur Vorlage einer Wärme-planung können außerdem Gasheizungen eingebaut werden, die auf Wasserstoff umrüstbar sind. Sieht die kommunale Wärmeplanung dann aber kein Wasser-stoffnetz vor, müssen schrittweise klimaneutrale Gase beigemischt werden – ab 2029 ein Anteil von 15 Prozent, ab 2035 ein Anteil von 30 Prozent und ab 2040 ein Anteil von 60 Prozent. Bevor es überhaupt zum Einbau solcher Gas- oder Ölheizungen kommt, erhalten Hausbesitzerinnen und Hausbesitzer künftig eine verpflichtende Beratung, die über die steigende CO_2-Bepreisung aufklärt, die fossile Brennstoffe immer teurer macht.

Was wir tun müssen

Das Klimaziel des Gebäudesektors für das Jahr 2030 ist trotz bisher geringer Erfolge noch zu erreichen. Hierfür bedarf es jedoch einer deutlichen Ausweitung der Sanierungsaktivitäten und Nutzung aller zur Verfügung stehenden Wärme-versorgungsoptionen und Infrastrukturen. Für eine erfolgreiche Umsetzung braucht es Fördersysteme, welche die unterschiedlichen Anforderungen der zahlreichen Adressaten des Gebäudesektors berücksichtigen. Es muss umfang-reiche Aufklärungsarbeit gewährleistet werden, und dafür müssen öffentliche kostenfreie Beratungsstellen eingerichtet sowie Gutachter zur Verfügung gestellt werden.

Was der Staat leisten muss

Auch durch Förderungen Wertewandel erreichen
Das Wichtigste ist zuallererst, bei den Hausbesitzerinnen und -besitzern die Akzeptanz für den notwendigen Wandel zu erreichen. In allen Sektoren muss

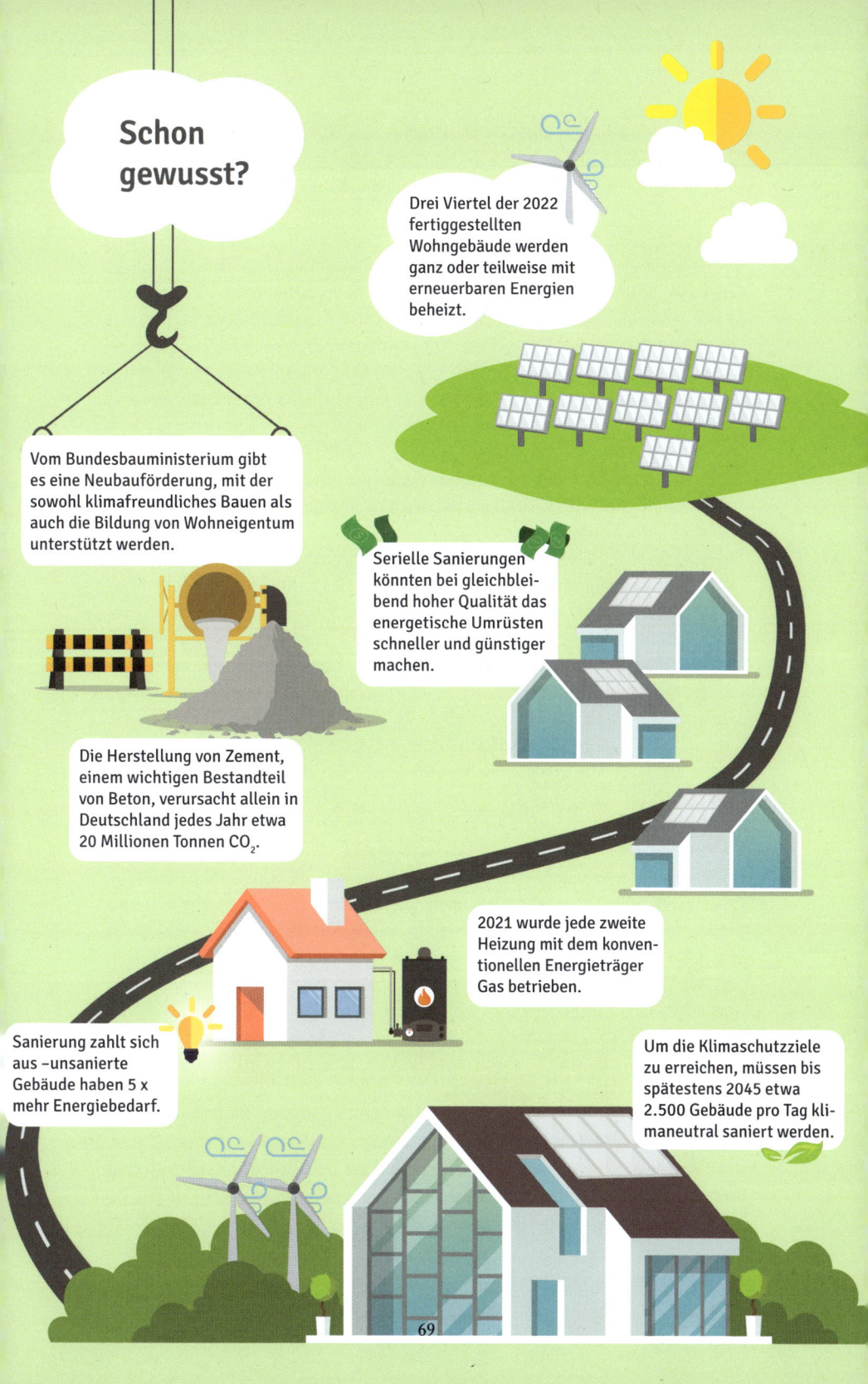

Schon gewusst?

Drei Viertel der 2022 fertiggestellten Wohngebäude werden ganz oder teilweise mit erneuerbaren Energien beheizt.

Vom Bundesbauministerium gibt es eine Neubauförderung, mit der sowohl klimafreundliches Bauen als auch die Bildung von Wohneigentum unterstützt werden.

Serielle Sanierungen könnten bei gleichbleibend hoher Qualität das energetische Umrüsten schneller und günstiger machen.

Die Herstellung von Zement, einem wichtigen Bestandteil von Beton, verursacht allein in Deutschland jedes Jahr etwa 20 Millionen Tonnen CO_2.

2021 wurde jede zweite Heizung mit dem konventionellen Energieträger Gas betrieben.

Sanierung zahlt sich aus – unsanierte Gebäude haben 5 x mehr Energiebedarf.

Um die Klimaschutzziele zu erreichen, müssen bis spätestens 2045 etwa 2.500 Gebäude pro Tag klimaneutral saniert werden.

ein grundsätzliches Umdenken stattfinden, das die Menschen dazu bringt, Verantwortung zu übernehmen und ihre CO_2-Emissionen zu reduzieren. Für den Gebäudesektor ist eine soziale Verträglichkeit der politischen Instrumente Pflicht, die die Wohnsituation der Betroffenen sowie die Bezahlbarkeit des Wohnens und der Sanierungsmaßnahmen beeinflussen. Es sind (noch mehr) Maßnahmen erforderlich, die Sanieren attraktiv und erstrebenswert machen. Neben den bereits aktuell förderfähigen Einzelmaßnahmen der Kreditanstalt für Wiederaufbau (wie Wärmedämmung an Wand, Dachflächen und Geschossdecken, Erneuerung der Fenster und Außentüren, Einbau einer Lüftungsanlage, Erstanschluss an Nah- oder Fernwärme sowie Optimierung einer bestehenden Heizungsanlage, sofern diese älter als zwei Jahre ist) sind das vor allem:

· Klimageld
· Erweiterung bestehender Förderprogramme um soziale Komponenten
· Erhöhung der Mittel für den sozialen Wohnungsbau
· steuerliche Förderung
· Investitionszulagen für gemeinnützige Wohnungsgesellschaftsmodelle
· Reform der Energiekostenaufteilung durch das Einführen der Teilwarmmiete oder eines Drittelmodells.

Die Anreize für Endkundinnen und -kunden, ihre Gebäude energetisch zu sanieren sowie zu klimaneutralen Versorgungsoptionen zu wechseln, reichen aber nicht aus. Unbedingt erforderlich ist, dass im Fokus der Wärmewende klimaneutrale Energieträger stehen: Dafür müssen sowohl erneuerbare Wärmequellen als auch Abwärme in Fernwärme mehr eingebunden, klimaneutraler Wasserstoff gefördert und die Stromerzeugung kohlenstofffrei werden.[55] Des Weiteren spielt insbesondere in urbanen und dicht besiedelten Gebieten der Ausbau und die Verdichtung von Wärmenetzanschlüssen eine zentrale Rolle.[56]

Wie auch in den anderen Sektoren gilt es, eine ganzheitliche Herangehensweise zu verfolgen, um die Klimaziele zu erreichen. Es muss zeitgleich eine Umsetzung vieler Maßnahmen erfolgen, wie die Nutzung aller zur Verfügung stehenden Wärmeversorgungsoptionen und Infrastrukturen sowie die Einführung der Wärmepumpen, der Ausbau von Fernwärmenetzen, die Sanierung der Gebäudehüllen und Fenster und vieles mehr. Wenn langfristig das Heizen via Strom erfolgen soll, bedarf es des drastischen Ausbaus klimaneutraler Energieträger für Strom und Fernwärme. Die Wärmewende wird wahrscheinlich scheitern, wenn dies nicht geschieht.

Klimaneutralen Beton fördern

Um überhaupt klimaneutralen Beton herstellen zu können, braucht es neue Produktionsanlagen. In diesen könnte durch eine Kreislaufwirtschaft das bei der Verbrennung ausgestoßene und schädliche CO_2 nicht in die Luft abgeleitet, sondern aufbereitet und anschließend an Industriekunden geliefert werden. Eine genauere Erklärung hierzu liefert das Kapitel »CO_2-Senken«. Das Abfallprodukt CO_2 ließe sich außerdem zu Bioethanol umwandeln, um damit zum Beispiel Autos mit E-Fuels zu betanken.

Am wichtigsten wäre aber, die Herstellung grundsätzlich CO_2-ärmer zu gestalten: Dafür müssten einerseits CO_2-reduzierte Zemente zum Einsatz kommen und andererseits die Betonrezepturen optimiert werden, in denen der Zementanteil durch andere Materialien ersetzt wird. Eine weitere Möglichkeit wäre Recyclingbeton.

Karbonbeton gilt als *die* nachhaltige Alternative und *der* Baustoff der Zukunft. Hierzu werden statt einer Stahlarmierung eine Matte oder Stäbe aus kohlenstoffhaltigem Mineral genutzt. Das spart zum einen Stahl, und zum anderen kann auch weniger Beton eingesetzt werden. »Der Vorteil des Karbonbetons liegt vor allem in der Reduzierung«, so Professor Manfred Curbach von der Technischen Universität Dresden, »mit Karbonbeton lassen sich rund 50 Prozent des Betons und Sandes sowie bis zu 70 Prozent CO_2 einsparen.«[57] In Deutschland ist Karbonbeton derzeit aber noch nicht zugelassen.

Was Unternehmen und Eigentümer tun können

Mieterinnen und Mieter haben in Bezug auf eine energieeffiziente Sanierung von Heizungen und Gebäuden nur eingeschränkte Handlungsmöglichkeiten. Was sie aber immer machen können: unnötige Wärmeverluste verhindern und beim Heizen und in anderen Bereichen sparen (siehe vor allem das Kapitel »Energie«).

Im Gebäudesektor sind folglich neben dem Staat vor allem unternehmerische und private Hausbesitzerinnen und -besitzer gefragt. Die Einbindung erneuerbarer Energien für die Wärmeversorgung (Heizung und Warmwasser) ist hier sicher eine der maßgeblichen Handlungsoptionen – zum Beispiel durch den Einbau von Wärmepumpen, den Ausbau von Wärmenetzen zur Einbindung von erneuerbaren Energien aus Nah- und Fernwärme oder den Einbau von Photovoltaik und Solarthermie, aber dabei darf es nicht bleiben.

Weniger Energie verbrauchen und Energieeffizienz erhöhen

Energiesparen ist der einfachste und schnellste Weg, das Klima zu schützen und den Geldbeutel zu schonen – und dass Temperaturdrosselung funktioniert, zeigte das Jahr 2022, als Gas und Öl teurer wurden.

Möglich wäre aber auch eine energetische Sanierung von Gebäuden und Heizungen durch die Dämmung von Fassaden, den Einbau von Fenstern mit geringem Wärmeverlust, den Austausch der Anlagentechnik gegen effizientere Geräte sowie die Optimierung der Gebäudetechniksteuerung – die dafür nötigen

Investitionen rechnen sich durch die anschließend entfallenden Energiekosten und durch die Reduktion der CO_2-Intensität.

Sanierung und Neubau ganzheitlich betrachten

Grundsätzlich ist die Nutzung vorhandener Gebäude besser, als komplett neu zu bauen – doch ob nun Sanierung oder Neubau: Von Bedeutung ist, dass Bauprodukte, ihre Herstellung und die damit verbundenen CO_2-Emissionen in den Fokus rücken. Es sollten kreislauffähige Materialien und Konstruktionen verwendet werden sowie bereits vorhandene Materialien erneut zum Einsatz kommen – die Lebenszyklusbetrachtung ist auch ein Grundpfeiler des nachhaltigen Bauens und macht deutlich, warum Bauprodukte einen hohen Stellenwert haben. Das gelingt, indem

- auf unnötige Bauteile verzichtet und Ressourceneinsatz reduziert wird
- vorhandene Bauteile wiederverwendet und Recyclingmaterialien genutzt werden
- Baustoffe rückbaufreundlich eingesetzt werden
- in Hierarchien geplant und eine lange Lebensdauer gewählt wird
- lokal verfügbare, nachwachsende Rohstoffe und kreislauffähige Bauprodukte verwendet werden
- materialgerecht gebaut und auf Problemstoffe konstruktiv verzichtet wird.[58]

Serielle Sanierungen vornehmen

Bei architektonisch einfacheren und typenähnlichen Gebäuden könnten serielle Sanierungen eine gute Lösung sein, um bei gleichbleibend hoher Qualität das energetische Umrüsten schneller und günstiger zu machen: Gedämmte Fassaden und Dächer werden seriell vorgefertigt und erst anschließend an das Gebäude angebracht; für den alltäglichen Strombedarf und die Versorgung der Wärmepumpe wird eine Solaranlage installiert. Das Gebäude würde so im Prinzip klimaneutral. Bundesweit wären gut zwei Millionen Gebäude für eine serielle Sanierung geeignet, wobei dies bei den vielen Mietshäusern aus den 1950er- bis 1970er-Jahren besonders interessant wäre, da durch die günstigeren Kosten eine Mieterhöhung verhindert werden oder geringer ausfallen könnte.

Gebäude zu Kraftwerken der Zukunft machen

Gebäude sind nicht nur Energieverbraucher, sondern auch Energieerzeuger und -speicher. Damit könnten sie *die* zentrale Rolle in unserem zukünftigen Energiesystem spielen. Denn wird durch eigenproduzierte erneuerbare Energie mehr Strom eingespeist als für den Eigenbedarf gebraucht, verdrängt das mit der Zeit die fossile Energie aus dem Stromnetz. Haben Gebäude am Jahresende eine ausgeglichene oder idealerweise sogar negative CO_2-Bilanz, leisten sie damit einen wichtigen Beitrag zur Energiewende.

Breitentechnologie- und Energieträgermix nutzen

Wird die Wärmewende technologisch offen gestaltet, ermöglicht das neben dem Betrieb von Wärmenetzen auch die Weiternutzung der bereits bestehenden Gasinfrastruktur. Aus erneuerbarem Strom hergestellter Wasserstoff kann so einer Vielzahl von Verbraucherinnen und Verbrauchern zur Verfügung gestellt sowie gespeichert werden. Dadurch wird nicht nur die Strominfrastruktur entlastet, sondern auch der mit hohen Kosten verbundene Ausbau reduziert.

Digitale Techniken einsetzen

Laut einer Studie des Borderstep Institut für Innovation und Nachhaltigkeit sind durch den systematischen Einsatz von Gebäudeautomation kurz- und mittelfristig Einsparungen von bis zu 14,7 Millionen Tonnen CO_2-Emissionen möglich – das entspricht fast 30 Prozent des im Klimaschutzgesetz festgelegten Reduktionsziels für den Gebäudebereich.

Durch intelligente Steuerung der Heizungs- und Lüftungsanlagen vor allem in großen Gebäuden können sofort große Mengen an Energie eingespart werden. Künstliche Intelligenz kann helfen, nur dort Licht/Lüftung/Heizung anzubieten, wo diese wirklich benötigt werden.

Erneuerbare Energien wie Strom aus Windkraft oder Photovoltaik könnten bei intelligenter Steuerung effektiv gespeichert und schließlich nachfrageorientiert wieder angeboten werden. Und schließlich sind Datenerhebung

und -nutzung auch eine wichtige Basis für die Planung und den Bau kreislauffähiger Gebäude, um den Ressourceneinsatz und folglich auch die CO_2-Emissionen zu reduzieren beziehungsweise die Wiederverwendung verbauter Materialien zu einem späteren Zeitpunkt besser steuern zu können.

Alternative Baustoffe verwenden

Einer der ältesten Baustoffe der Menschheit ist Lehm. Er besteht aus einfacher Erde mit einem Anteil an Tonmaterialien und kommt weltweit in fast allen Böden vor. Wird er in Wänden verbaut, hat er den großen Vorteil, dass er im Winter Wärme speichert und im Sommer kühlende Feuchtigkeit abgibt. Außerdem braucht die Verwendung von Lehm im Bau laut der Bundesanstalt für Materialforschung und -prüfung (BAM) 85 Prozent weniger Energie als Zement, weil Lehm nur getrocknet und nicht gebrannt wird – er ist damit also auch wesentlich klimaschonender als Beton oder Ziegel. Seit August 2013 gibt es erstmals wieder verbindliche Normen für den Lehmbau in Deutschland. Er ist somit für den wichtigen öffentlichen Bausektor interessant.

Neben Lehm wird auch Holz schon seit jeher zum Bau von Gebäuden verwendet. Heutzutage ist es sogar zu 100 Prozent verwertbar: Reste wie Rinde oder Späne sind zur Energiegewinnung nutzbar, indem sie direkt verbrannt oder zu Pellets gepresst werden. Allerdings ist die Verwendung von Holz nicht ganz unproblematisch und daher umstritten. Einerseits wird argumentiert, dass durch das Fällen von älteren Bäumen der Ausstoß schädlicher Treibhausgase verhindert wird (beim natürlichen Verrottungsprozess wird CO_2 frei gesetzt). In Zukunft könne der hohe Bedarf an Holz als Baustoff durch den klimagerechten Umbau und die Durchforstung der heimischen Wälder gedeckt werden, so Experten wie Hubert Röder, Professor an der Fakultät Wald und Forstwirtschaft der Hochschule Weihenstephan-Triesdorf. Andererseits schrumpfen die Wälder zunehmend durch Brände und Abholzung, und der Klimawandel fordert einen Waldumbau. Zusätzliche Entnahme von Holz ist dadurch vielerorts nicht mit nachhaltigem Wachstum vereinbar. Außerdem bringt Holz als Baustoff auch Nachteile mit sich: Es ist nicht nur leicht entzündbar, sondern saugt bei mangelhafter Verarbeitung auch Feuchtigkeit in sich auf, wodurch bei unsachgemäßer Anwendung die Fäulnisgefahr steigt. Zudem braucht ein Gebäude aus Holz ausreichend Dämmung, also zusätzliches Material. Die Überlegung, Holz als alternativen Baustoff zu verwenden, muss also gut abgewogen werden.[59]

Als Brennstoff wiederum soll Holz nach dem Willen des Bundesministeriums für Wirtschaft und Klimaschutz nur noch sehr begrenzt im Gebäudebestand zum Einsatz kommen – insbesondere dann nicht, wenn es deutlich sinnvollere Optionen wie den Einbau von Wärmpumpen oder Wärmenetzen gibt.[60]

Auch der Einsatz von Hanf hat als Baustoff eine lange Tradition. Während er in Deutschland als Betonersatz noch wenig verbreitet ist, wird in Großbritannien, Italien und den Niederlanden schon länger damit gearbeitet. Für die Herstellung werden nur zwei Materialien benötigt: Hanf und Kalk.

Wärmepumpen einbauen – dort, wo es passt

Wärmepumpen sind in allen vorliegenden Szenarien zur Klimaneutralität *die* zentrale Technologie. Der Grund: Sie können aus einer Kilowattstunde Strom etwa vier Kilowattstunden Wärme herstellen, indem sie die verbleibende Energiemenge einem Tauschmedium (z. B. der Umgebungsluft) entziehen. Damit sind sie unschlagbar energieeffizient. Umso mehr werden sie derzeit aber auch unter die Lupe genommen, denn sie sind nur unter bestimmten Bedingungen sinnvoll: Wärmepumpen sind erst dann tatsächlich klimafreundlicher, wenn der genutzte Strom aus erneuerbaren Energiequellen und nicht aus Kohlekraftwerken stammt. Außerdem sollte sichergestellt sein, dass Wärmepumpen flächendeckend eingesetzt werden können. Problematisch dabei ist, dass der Einbau je nach Art der Wärmepumpe abhängig davon ist, ob einerseits im eigenen Haus genügend Platz ist und ob andererseits ausreichend Abstand zum Nachbarn besteht. Darüber hinaus muss beispielsweise für eine Erdwärmepumpe bis zu 100 Meter in die Tiefe gebohrt werden, was eine geeignete Bodenbeschaffenheit voraussetzt. Und eine Wärmepumpe ist nur dann sinnvoll, wenn bereits ein guter Wärmeschutz besteht – bei der Dämmung und mit modernen Isolierfenstern. Außerdem sollte eine Bodenheizung vorhanden sein.

Als Fazit lässt sich festhalten: Wärmepumpen sind absolut sinnvoll – wenn sie gut zum Haus passen. Bei Neubauten gestaltet sich der Einbau einfacher, was auch aktuelle Zahlen belegen. Bei Bestandsbauten ist sicher vieles realisierbar, jedoch ist der Einbau mit erheblichen Umbaukosten verbunden, was ihre Wirtschaftlichkeit infrage stellen kann. Der Einbau von Wärmepumpen sollte deshalb deutlich mehr finanziell gefördert werden. Und die Infrastruktur müsste gewährleistet sein – allem voran durch ausreichend zur Verfügung stehende bezahlbare und möglichst in Deutschland hergestellte Geräte sowie genug Fachkräfte für die Umsetzung des Nachfrageansturms.

Eine zentrale Rolle kommt außerdem Fern- und Nahwärmenetzen zu, über die mindestens zwei, aber noch besser alle Gebäude mehrerer Straßenzüge mit Raumwärme und Wärme für Warmwasser versorgt werden könnten. Ihr Ausbau hat daher eine große Bedeutung für urbane und dicht besiedelte Gebiete.[61]

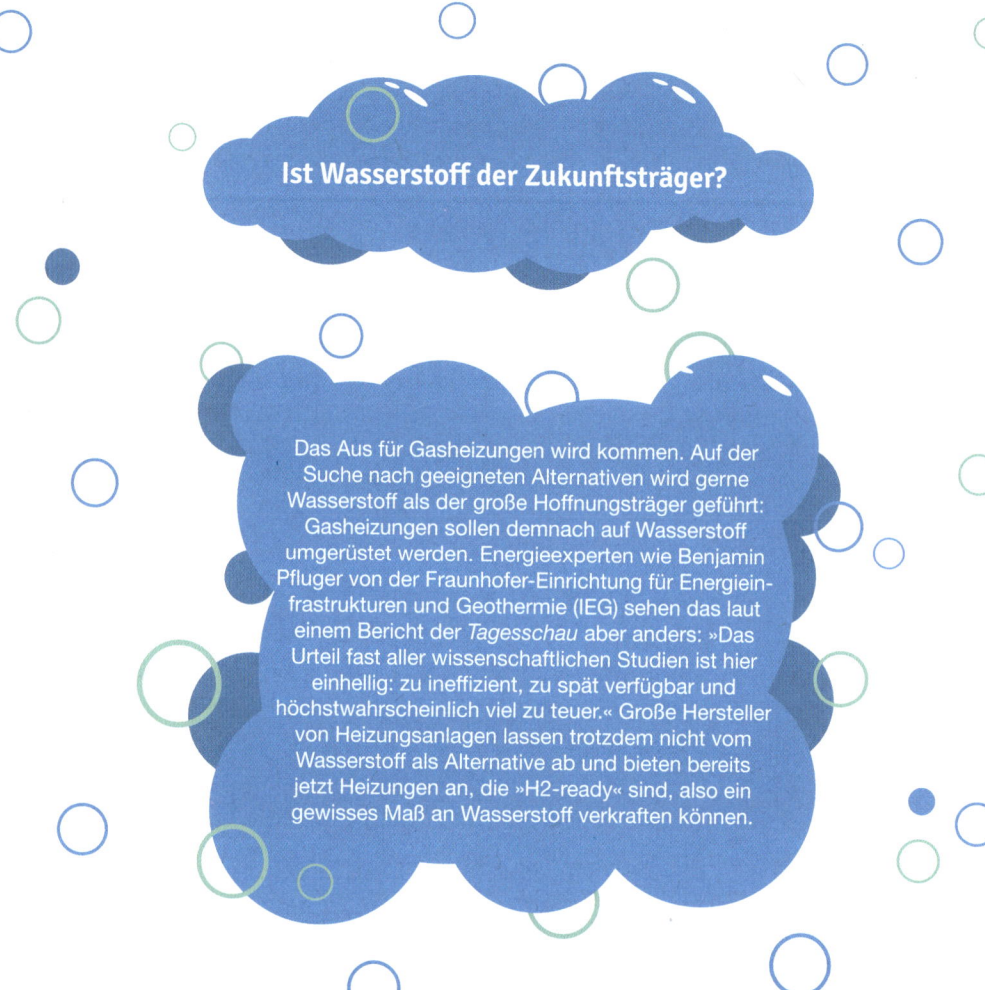

Ist Wasserstoff der Zukunftsträger?

Das Aus für Gasheizungen wird kommen. Auf der Suche nach geeigneten Alternativen wird gerne Wasserstoff als der große Hoffnungsträger geführt: Gasheizungen sollen demnach auf Wasserstoff umgerüstet werden. Energieexperten wie Benjamin Pfluger von der Fraunhofer-Einrichtung für Energieinfrastrukturen und Geothermie (IEG) sehen das laut einem Bericht der *Tagesschau* aber anders: »Das Urteil fast aller wissenschaftlichen Studien ist hier einhellig: zu ineffizient, zu spät verfügbar und höchstwahrscheinlich viel zu teuer.« Große Hersteller von Heizungsanlagen lassen trotzdem nicht vom Wasserstoff als Alternative ab und bieten bereits jetzt Heizungen an, die »H2-ready« sind, also ein gewisses Maß an Wasserstoff verkraften können.

In Solarthermie- oder Photovoltaikanlagen investieren

Eine weitere Möglichkeit der Gewinnung von Wärme oder Strom aus alternativen Systemen bieten Solarthermie- oder Photovoltaikanlagen. Thermische Solaranlagen für die Erzeugung von Warmwasser sind günstiger und haben den großen Vorteil, dass die dafür benötigten Kollektoren weniger Platz auf dem Dach benötigen, da sie keine Energie umwandeln müssen. Ihr Wirkungsgrad schwankt dabei zwischen circa 25 (Heizung und Warmwasser) und maximal 50 Prozent (nur Warmwasser). Ihr Nachteil ist, dass sie gerade dann sehr viel Wärme produzieren, wenn diese am wenigsten gebraucht wird: im Sommer. Dennoch sparen thermische Solaranlagen nicht nur Heiz- und Wasserkosten, sondern tragen auch zur Entlastung der Umwelt bei: Im Jahr 2018 wurden durch die Wärmeerzeugung mittels Solarthermie 2,2 Millionen Tonnen CO_2e vermieden.

Im Übrigen stimmt es auch nicht, dass die Herstellung von Solaranlagen mehr Energien verbraucht, als die Anlagen später erzeugen: Der Energierücklauf beträgt je nach Produkt und Standort ein bis vier Jahre – thermische Solaranlagen arbeiten damit nachhaltiger als alle anderen Energieerzeuger. Nach Ende ihrer Einsatzzeit können sie außerdem sehr gut recycelt werden.

Photovoltaikanlagen unterscheiden sich von Solarthermieanlagen durch ihre Vielseitigkeit. Sie haben den klaren Vorteil, dass bei der Energiegewinnung kein Strom verloren geht, da der überschüssige Strom entweder in das Stromnetz geleitet oder gespeichert wird. Photovoltaikanlagen sind aber deutlich anspruchsvoller als eine Solarthermieanlage, weil die auf dem Dach gewonnene Sonnenenergie in Gleichstrom eingespeichert wird. Bevor der Solarstrom für die jeweiligen Endgeräte genutzt werden kann, muss er in Wechselstrom umgewandelt werden. Das ist nicht nur aufwendig, sondern beansprucht auch etwas mehr Energie. Außerdem brauchen Solarmodule für Photovoltaik deutlich mehr Platz als eine Solarthermieanlage.

Da bei der Umwandlung von Sonnenenergie in Strom nur ein Teil der Sonnenenergie effektiv genutzt werden kann, liegt der Wirkungsgrad von Photovoltaikanlagen bei maximal 22 Prozent. Dennoch lässt sich der Stromverbrauch eines Einfamilienhauses an sonnigen Tagen abdecken. Heizwasser und warmes Wasser können mit Modulen einer reinen Photovoltaikanlage auf der gesamten Dachfläche allerdings nicht erzeugt werden.[62] Allerdings gibt es auch Module, die Photovoltaik (für die Stromerzeugung) und Solarthermie (für die Erzeugung von Warmwasser) kombinieren.

Neubauförderung für Wohngebäude beantragen

Seit 1. Juni 2023 besteht die Neubauförderung des Bundesbauministeriums aus zwei Programmen, mit der sowohl klimafreundliches Bauen als auch die Bildung von Wohneigentum für Familien unterstützt werden. Anfänglich standen dafür 1,1 Milliarden Euro zur Verfügung. Diese werden jetzt noch einmal um 888 Millionen erhöht, da die Förderprogramme sehr großen Anklang finden. Ein Wohngebäude erreicht diese Förderstufe, wenn es die Effizienzhausstufe 40 erreicht, in seinem Lebenszyklus so wenig CO_2 ausstößt, dass die Anforderung an Treibhausgasemissionen des »Qualitätssiegels Nachhaltiges Gebäude Plus« erfüllt werden, und nicht mit Öl, Gas oder Biomasse beheizt wird.

Es ist also um 60 Prozent energieeffizienter gegenüber dem entsprechenden Referenzgebäude (nach Gebäudeenergiegesetz). Gleichzeitig muss hier der Transmissionswärmeverlust um mindestens 55 Prozent unter dem GEG-Neubaugrenzwert liegen. Der bauliche Wärmeschutz ist somit um 45 Prozent besser.

Wer die Förderung beantragen möchte, muss sein Gebäude nach zwei Kriterien beurteilen lassen: Wie hoch ist der Gesamtenergiebedarf der Immobilie, und wie gut ist die Wärmedämmung der Gebäudehülle? Werden die Effizienzhausstufe 40 erreicht und zusätzliche Anforderungen an die Nachhaltigkeit erfüllt, kann die Förderung bezogen werden. Das KfW Effizienzhaus 55 wurde 2023 quasi zum Neubaustandard in Deutschland und ist lediglich noch im Sanierungsbereich mit einer attraktiven Förderung verbunden.

Gleich loslegen!

 Tipps für
Mieter und Hausbesitzer

- kostenlose Energiechecks oder staatlich geförderte Energieberatung nutzen, um Einsparpotenziale zu finden

- staatliche Förderungen für energetische Sanierung nutzen

- Einbau energieeffizienter Fenster

- einfache Hebel nutzen (z. B. Dämmung der Kellerdecke)

- Wallbox für E-Autos installieren – auch für Mieter rechtlich möglich

- bei anstehenden Sanierungen immer das Potenzial energetischer Einsparungen prüfen und nachhaltige Baustoffe einsetzen

Quick-Wins speziell für Mieter:

- intelligente Thermostatventile einbauen
- Heizkörpernischen dämmen
- Energie sparen durch richtiges Heizen und Lüften

- einen hydraulischen Abgleich durchführen lassen (dabei wird die Wärmeverteilung so eingestellt, dass alle Heizkörper gleichmäßig mit Heizwasser versorgt werden)

- sparsame Umwälzpumpen einbauen (ungeregelt sind sie oft die großen Stromverbraucher im Haushalt)

- Verteilungsverluste reduzieren (gute Wärmeverteilung)

- auf Klimaanlagen möglichst verzichten oder sie optimieren: Technische Verbesserungen bewirken mit oft geringem Aufwand große Einsparungen, gleichzeitig verbessert sich das Raumklima, und der Komfort steigt

- Einfall von Sonnenlicht steuern, um Heizen und Kühlen zu unterstützen (z. B. durch automatisierte Sonnenblenden)

- neue Heizungen sollten mindestens zu 65 Prozent mit erneuerbaren Energien betrieben werden

Verkehr

Wo wir stehen

Während die Treibhausgasemissionen in Deutschland seit 1990 um circa 40 Prozent insgesamt stark gesunken sind, ist im Verkehrssektor kaum eine Verbesserung festzustellen:[63] Wie die unten stehende Grafik zeigt, stagniert der Anteil seit gut zehn Jahren bei leichtem Auf und Ab, in den vergangenen drei Jahren ist er sogar wieder gestiegen. 2022 stieß der Verkehr 150 Millionen Tonnen CO_2 aus und lag damit ganze elf Millionen Tonnen über der im Bundes-Klimaschutzgesetz zulässigen Jahresemissionsmenge![64] Trotz dieser negativen Entwicklungen wurde das Klimaschutzgesetz im Juni 2023 sogar wieder dahingehend abgeschwächt, dass die formulierten Ziele für die einzelnen Sektoren nun nicht mehr als verbindlich gelten: Zielverfehlungen können zukünftig mit Fortschritten in anderen Sektoren verrechnet werden. Umweltverbände reagierten empört. So kommentierte Greenpeace-Vorstand Martin Kaiser: »Während in Deutschland Waldbrände wüten und das Trinkwasser knapp zu werden droht, will die Ampel mit dieser Novelle den Klimaschutz weiter auf die lange Bank schieben. Vor allem im Verkehr, dem Schlusslicht im Klimaschutz, wäre das fatal.«

Anteil des Verkehrs an den Treibhausgasemissionen in Deutschland

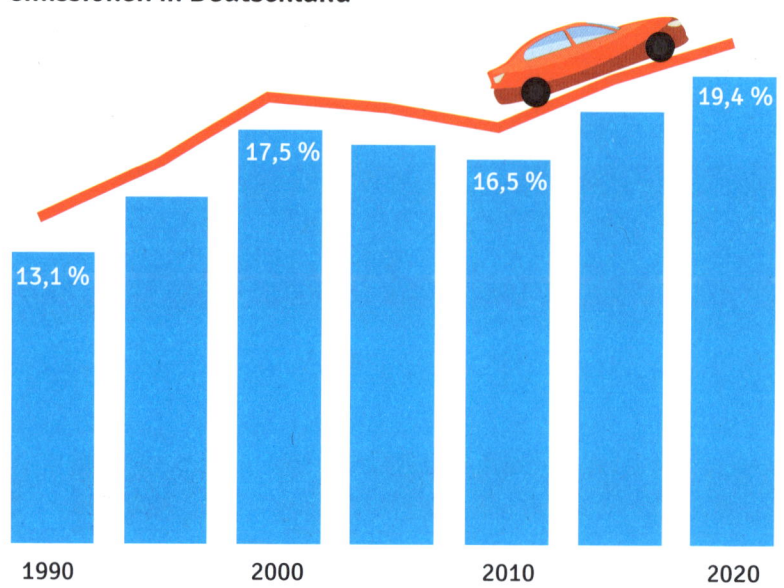

13,1 %   17,5 %   16,5 %   19,4 %

1990   2000   2010   2020

Quelle: Umweltbundesamt/Bundesministerium für Digitales und Verkehr

Personen- und Lastkraftfahrzeuge

2021 benötigte der Verkehr in Deutschland gut 27 Prozent des gesamten End-energieverbrauchs aller Sektoren. Über die Hälfte davon geht auf das Konto der Personenkraftwagen (Pkw). Das Auto ist nach wie vor der Liebling der Deutschen, und trotz öffentlicher Debatten über eine Verkehrswende gibt es sogar immer mehr Autos: Zum Stichtag 1.1.2022 verzeichnet das Kraftfahrt-Bundesamt einen Rekordstand von 48,5 Millionen zugelassenen Personen-kraftwagen – davon lediglich 618.460 mit reinem Elektroantrieb (ohne Plug-in-Hybride). Doch der Elektroanteil steigt seitdem deutlich:[65] Ende 2022 wurde die Millionenmarke geknackt, und allein im Juli 2023 wurden knapp 49.000 »Stromer« zugelassen. Das entspricht einem Anteil von 20 Prozent.[66] Es geht also in die richtige Richtung.

Verteilung der Treibhausgasemissionen des Verkehrssektors auf einzelne Verkehrsmittel

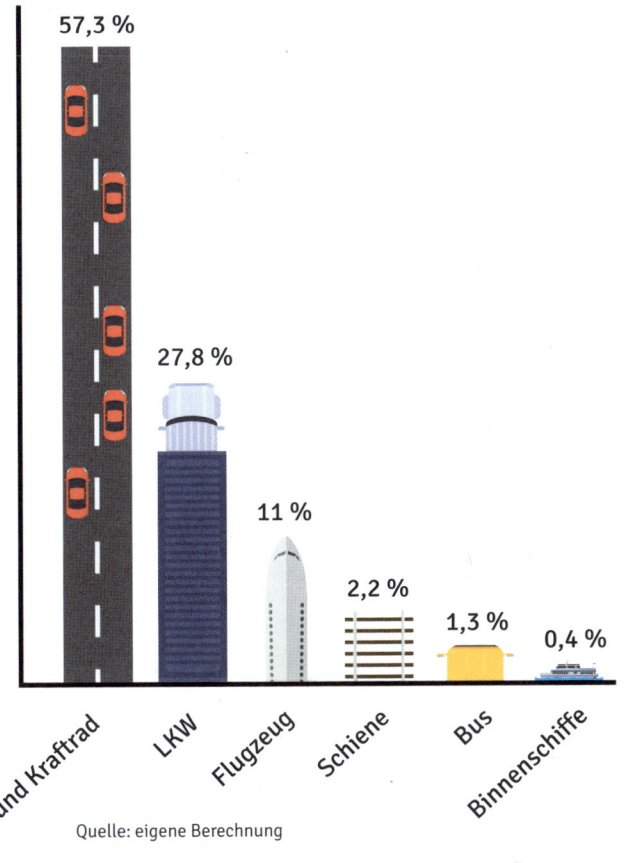

Quelle: eigene Berechnung

Gleichzeitig setzt aber seit einigen Jahren auch ein anderer Trend ein: Mehr als jeder dritte in Deutschland neu zugelassene Pkw ist ein SUV (Sport Utility Vehicle) oder Geländewagen. Zwar werden auch immer mehr Elektro-SUVs zugelassen – in der höheren Karosserie lassen sich die Akkus besser unterbringen –, doch werden die Autos durch die Akkus auch schwerer und verbrauchen damit wieder mehr Strom.

Elektroautos

Ende 2022 überstieg die Zahl an zugelassenen reinen Elektroautos in Deutschland erstmals die Millionenmarke. Das mag viel klingen, ist aber noch sehr weit entfernt von den 15 Millionen E-Autos, die die Bundesregierung für 2030 als Ziel formuliert hat.[67] Aktuell können Elektroautos nur bedingt durch regenerative Energiequellen »betankt« werden. Der Strom kommt hauptsächlich aus dem deutschen Strommix, also schwerpunktmäßig aus fossilen Energieträgern wie der klimaschädlichen Stein- oder Braunkohle, was sich dringend ändern muss. Mit einem Wirkungsgrad von 70 bis 80 Prozent liegt das E-Auto dennoch unschlagbar an der Spitze im Vergleich aller Antriebsarten.

Plug-in-Hybrid-Autos

Plug-in-Hybride galten lange Zeit als Brückentechnologie. In Deutschland scheint es, als würden sie langsam ausdienen, denn die umstrittenen Verbrenner mit zusätzlichem Akku sind glücklicherweise in der Gunst von Neuwagenkäufern merklich gesunken. Sicher auch verstärkt durch den Wegfall der Umweltprämie.

Solarautos

An Solarautos wird bereits seit einigen Jahren gearbeitet. Sie sollen mithilfe von Solarzellen auf dem Dach ausschließlich die Sonne als Energielieferant nutzen. Da der Wirkungsgrad der Solarzellen bisher aber zu gering ist, gibt es nur wenige Autohersteller. Ob sich Solarfahrzeuge allerdings als emissionsfreie Alternative daher zukünftig durchsetzen werden und wie effizient ihr Einsatz wirklich ist, wird sich erst in den nächsten Jahren zeigen.

Wasserstoffautos

Auch Wasserstoffautos sind derzeit keine wirkliche Alternative. In den letzten zehn Jahren betrug die Zahl an Neuzulassungen weniger als 1.000 Stück, und in ganz Deutschland gab es 2022 lediglich 95 Wasserstofftankstellen. Das Problem: Wasserstoff kommt auf der Erde nur in gebundener Form vor und muss mit großem Aufwand erzeugt werden.

Der Wirkungsgrad, also das Verhältnis der aufgewendeten Energie zur am Ende tatsächlich umgesetzten Bewegung, liegt bei Wasserstoffautos mit 60 Prozent zwar immer noch höher als bei Verbrennern (Benzin 20 Prozent). Zu beachten ist aber, dass der Wasserstoff erst mit Strom hergestellt werden muss, um ihn dann wieder in Strom umzuwandeln. Ein Wasserstoffantrieb ist zwar

bei Kleinkraftwagen nicht sinnvoll, bei größeren Motoren allerdings eine gute Option. Denn Lkw können noch nicht mit Strom betrieben werden, da die Speicherkapazität dafür bislang nicht ausreicht bzw. die Akkus zu schwer würden. Derzeit wird mit der Wasserstoffstrategie des Bundes auch die Tankstelleninfrastruktur ausgebaut, sodass wir in den nächsten Jahren sicherlich einige Wasserstoff-Lkw auf den Straßen sehen werden.

E-Fuels

Ähnlich verhält es sich bei der Herstellung und Nutzung von sogenannten E-Fuels für den Antrieb, also synthetischen Kraftstoffen, die mittels elektrischer Energie aus Wasser und CO2 hergestellt werden. Die zahlreichen verlustintensiven Umwandlungsstufen machen derzeit den Kaufpreis noch zu hoch, und auch hier hängt die Klimaschutzwirkung stark vom für die Herstellung verwendeten Strommix ab. Außerdem liegt der Gesamtwirkungsgrad bei einem mit E-Fuel betriebenen Auto bei gerade einmal 15 Prozent.

Insgesamt sind Pkw mit alternativen Antrieben effektiver geworden und auf dem Vormarsch. Seit 1995 sanken die kilometerbezogenen CO_2-Emissionen bei Pkw um knapp zwölf Prozent und bei Lkw um 8,5 Prozent.

Dennoch ist im Verkehrssektor kaum eine Verbesserung zu verzeichnen. Die gesamten direkten Emissionen sind im Straßengüterverkehr pro Jahr mit gut 120 Tonnen CO_2-Äquivalenten (CO_2e) (Bezugsjahr 2021) heute sogar um 23 Prozent höher als noch 1995. Der Grund dafür ist der starke Anstieg des Lastkraftwagenverkehrs – mit gut 72 Prozent das am stärksten genutzte Landverkehrsmittel im Güterverkehr. Eine schnelle Einführung von emissionsfreien Lkw wird wegen fehlender Ladeinfrastruktur mit ausreichend vielen und starken Ladesäulen derzeit noch erschwert.[68]

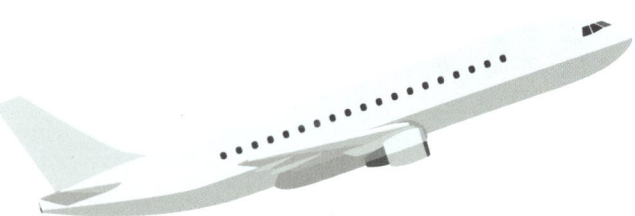

Flugverkehr

Unter allen Verkehrsträgern wächst der Flugverkehr weltweit am schnellsten. Laut der International Transport Worker's Federation (IFT) wird er sich bis 2050 vervierfachen. Mehr als die Hälfte aller Passagierflüge in Deutschland waren 2020 klimaschädliche und oftmals entbehrliche Kurzstreckenflüge (Flüge mit einer Distanz bis 1.000 Kilometer).[69] Dabei boomt die Nutzung von Privatflugzeugen: Nach Recherchen von NDR und *Süddeutscher Zeitung* ist 2022 die Zahl der Nutzung privater Flugzeuge in Deutschland auf ein Rekordniveau gestiegen. Mit 94.000 Starts von sogenannten Businessflugzeugen in Deutschland hat die Europäische Organisation zur Sicherung der Luftfahrt (Eurocontrol) rund 8.000 Starts mehr verzeichnet als im Vorjahr.

Ein Flugzeug stößt durchschnittlich 214 Gramm CO_2 pro Person pro Kilometer aus. Zum Vergleich: Bei der Bahn liegt der Wert bei nur 29 Gramm im Fernverkehr und bei 54 Gramm im Nahverkehr. Allerdings muss man zugestehen, dass bei Städteentfernungen wie München–Hamburg die Bahn wegen ihrer langen Fahrtzeit als Alternative zum Flugzeug – gerade bei Geschäftsreisen – nicht immer bestehen kann. Das Auto im Übrigen genauso wenig, weder zeitlich noch in Bezug auf den CO_2-Ausstoß, der mit im Schnitt 154 Gramm dem Flugzeug recht nahe kommt.

Derzeit werden etwa drei Prozent der globalen CO_2-Emissionen durch den weltweiten Flugverkehr verursacht. Deutschland war 2020 nach Angaben der Organisation für wirtschaftliche Zusammenarbeit und Entwicklung (OECD) für einen CO_2-Ausstoß von fast zehn Millionen Tonnen verantwortlich. Davon gingen knapp acht Prozent auf das Konto von reinen Inlandsflügen. Zwar werden Flugzeuge sparsamer, aber die CO_2-Emissionen werden sich bis 2050 trotzdem verdoppeln. Hinzu kommen bei der Verbrennung von Kerosin entstehende Substanzen wie Stickoxide, Aerosole und Wasserdampf, die in luftiger Höhe langsamer als am Boden abgebaut werden und sich dadurch noch stärker auswirken und zu einer Erwärmung der Erdatmosphäre beitragen. Im Vergleich zum CO_2-Ausstoß am Boden sind die negativen Auswirkungen auf das Klima in Flughöhe etwa dreimal so hoch. Deshalb ist das Netto-Null-Emissionsziel im Flugverkehr mit die größte Herausforderung im Verkehrssektor.[70]

Schienenverkehr

Das deutsche Schienennetz der Eisenbahnen hat derzeit eine Streckenlänge von 38.400 Kilometern und ist damit um über 6.000 Kilometer kürzer als noch im Bahnreformjahr 1994. Mit dem Projekt »Deutschlandtakt« setzen die Deutsche Bahn und der Bund nun wieder auf Wachstum im Personen- und Güterverkehr sowie auf den Ausbau und die Sanierung von Gleisen und Bahnhöfen. Die

Züge sollen besser aufeinander abgestimmt und dadurch Umsteige-, Reise- und Transportzeiten deutlich gesenkt werden. 40 Millionen und damit doppelt so viele Menschen wie bisher sollen künftig täglich mit dem Zug fahren und so ihren Beitrag zum Klimaschutz leisten.

Dafür muss Zugfahren aber auch günstiger und attraktiver werden: Das im Rahmen des Energieentlastungspakets zwischenzeitlich eingeführte 9-Euro-Ticket kam bei der Bevölkerung gut an und lockte auch Menschen in die Bahnen, die den ÖPNV zuvor nie genutzt hatten. Das Nachfolgemodell Deutschlandticket für 49 Euro ist gut gemeint, aber als Aboangebot für Gelegenheitsfahrerinnen und Gelegenheitsfahrer eher ungeeignet und für viele einkommensschwache Familien schon wieder zu teuer. Langfristig könnte der Preis – wenn es nach der Deutschen Bahn geht – sogar noch steigen.

Des Weiteren soll der Marktanteil des Schienengüterverkehrs auf mindestens 25 Prozent gesteigert werden. Güterbahnen sind im Vergleich zu Lkw besonders klimafreundlich: Sie haben einen wesentlich geringeren Rollwiderstand, fahren deshalb fünfmal energieeffizienter als Lkw und stoßen dabei pro Tonnenkilometer 80 Prozent weniger CO_2 aus. Wegen seiner großen Ladeflächen kann ein Güterzug bis zu 52 Lkw ersetzen – das führt nicht nur zu deutlich weniger Klimabelastung, sondern schlägt sich auch in den versteckten Umwelt-, Klima- und Unfallkosten des Verkehrs nieder: Der Schienenverkehr ist volkswirtschaftlich doppelt so kosteneffizient wie der Straßenverkehr.[71] Nur leider stockt die Schienenverkehrswende derzeit: Der Deutschlandtakt soll nach jüngsten Medienberichten erst bis 2070 vollständig umgesetzt sein – deutlich zu spät, um einen spürbaren Beitrag zur Erreichung unserer Klimaziele zu leisten.

Komplett klimaneutral wiederum will die Deutsche Bahn bis 2040 sein. Aber immerhin liegt der Anteil erneuerbarer Energien am DB-Bahnstrommix schon heute bei 65 Prozent – damit gehört die Deutsche Bahn zu den klimafreundlichsten Konzernen der Transport- und Logistikbranche. Bis 2038 sollen es dann 100 Prozent Ökostrom sein. Auf vereinzelten Nahverkehrsstrecken wie beispielsweise der Hamburger S-Bahn sowie im Fernverkehr sind die Fahrgäste sogar jetzt schon zu 100 Prozent mit Ökostrom unterwegs.[72]

Öffentlicher Personennahverkehr (ÖPNV)

Im Jahr 2022 wurden rund zehn Milliarden Menschen in Deutschland mit Bussen und Bahnen im öffentlichen Personenverkehr befördert. Das sind etwa 30 Prozent mehr als im Vorjahr, wenn auch immer noch weniger als vor der Coronapandemie. Viele steigen wieder oder immer noch lieber ins Auto, obwohl öffentliche Verkehrsmittel im Vergleich oft preiswerter, schneller und vor allem klimaverträglicher sind: Durchschnittlich 91 Gramm Treibhausgase und 19 Gramm Stickoxide sparen wir mit jedem Kilometer, den wir in öffentlichen Verkehrsmitteln fahren. Durch einen Umstieg auf öffentliche Verkehrsmittel beim täglichen Pendeln zur Arbeit könnten nach eigenen Berechnungen mehr als 700 kg CO_2 pro Person eingespart werden. Außerdem werden durch die Nutzung von Bussen und Bahnen Straßen entlastet und die Staugefahr verringert. Alle, die in öffentliche Verkehrsmittel anstatt ins Auto steigen, können somit einen wertvollen Beitrag für das Klima und die Umwelt leisten.[73]

Doch sind nicht nur die potenziellen ÖPNV-Nutzerinnen und -Nutzer gefragt, sondern auch Bund, Betreiber und Anbieter: Zwar wächst der Markt der Busse mit elektrischem Antrieb immer weiter, jedoch ist der Elektrobusanteil an der gesamten Busflotte in Deutschland nach wie vor gering: 2022 waren etwa 1.900 Elektrobusse im Einsatz – das entspricht einem Anteil von nur 3,5 Prozent. Und auch im ÖPNV müssen die Tarifsysteme attraktiver und günstiger werden, um mehr Fahrgäste zu gewinnen.

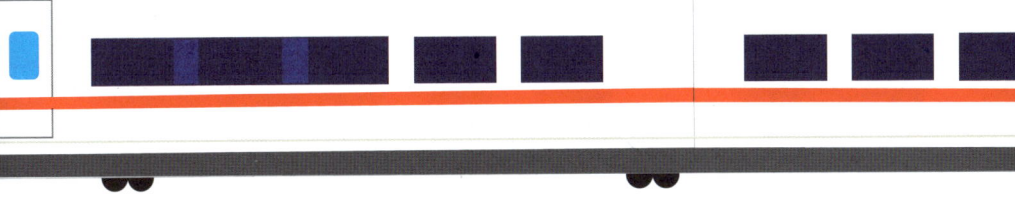

Mikromobilität mit E-Bikes und E-Scootern

Der Begriff »Mikromobilität« (auch »Elektrokleinstfahrzeuge«) fasst alle kleineren Fahrzeuge mit elektrischem Antrieb wie beispielsweise Elektroscooter (E-Scooter), Elektrofahrräder (E-Bikes) und Elektromopeds zusammen.

Insbesondere die E-Bike-Branche boomt: 2022 war mit rund zwei Millionen verkauften E-Bikes erneut ein Rekordjahr. Insgesamt gibt es aktuell mehr als zehn Millionen E-Bikes in Deutschland. Mit einem Marktanteil von fast 50 Prozent sind sie damit laut Burkhard Stork, Geschäftsführer des Zweirad-Industrie-Verbands (ZIV), ganz klar auf der Überholspur. Er geht sogar davon aus, dass 2023 mehr E-Bikes als Fahrräder ohne Antrieb verkauft werden. Besonders im Trend liegen dabei die sogenannten elektrifizierten Cargo-Bikes (E-Lastenräder), die vor allem gerne von Familien und Gewerbetreibenden als vielfältige Transportmöglichkeit genutzt werden.[74]

Ebenfalls beliebt sind E-Scooter, allerdings überwiegend in Großstädten und im Sharingbereich. Im Jahr 2022 liehen sich in Deutschland rund zehn Millionen Menschen einen E-Scooter aus. 167 Millionen Euro Umsatz wird

Schon gewusst?

Weltweit am schnellsten unter allen Verkehrsträgern wächst der Flugverkehr.

Güterbahnen fahren fünfmal energieeffizienter als Lkw. Eine Güterbahn ersetzt damit bis zu 52 Lkw, und Güterzüge verursachen 80 % weniger CO_2 als ein Lkw.

Der durch die Herstellung der Elektroautobatterien entstehende CO_2-Nachteil ist ab Fahrleistungen von 50.000 bis 100.000 Kilometern bereits wieder ausgeglichen.

Die Deutsche Bahn fährt aktuell zu über 65 % mit Strom aus erneuerbaren Energien, 2038 sollen es 100 % sein.

Trotz Klimakrise gibt es immer mehr Autos: Im Jahr 2021 wurde mit 580 Pkw auf 1.000 Einwohner sogar ein Rekordwert erreicht.

130

Ein Tempolimit auf deutschen Autobahnen ist die einzige nahezu kostenfreie Maßnahme, um Emissionen des Verkehrssektors sehr schnell zu senken.

hierzulande mit dem E-Scooter-Sharing erzielt, was Deutschland zum zweitgrößten Markt nach den USA macht. Als Grund für die Beliebtheit geben die Nutzenden gewöhnlich den großen Fahrspaß an – auch wenn 60 Prozent von ihnen ein klimafreundliches Verkehrsverhalten grundsätzlich wichtig finden. Aber E-Scooter sind noch lange nicht emissionsfrei und klimafreundlich, nur weil sie keine Abgase in die Luft pusten. Ihre Klimaeffizienz hängt stark von ihrer Herstellung und ihrem Einsatz ab sowie davon, was sie gegebenenfalls ersetzen. Und das kann wiederum von Stadt zu Stadt sehr unterschiedlich sein: Denn je besser der öffentliche Nahverkehr ist (und idealerweise mit Ökostrom betrieben wird), desto verzichtbarer sind E-Scooter. So oder so sollte man sich aber immer grundsätzlich fragen, ob es nicht nur für die Umwelt, sondern auch für die eigene Gesundheit besser wäre, kurze Strecken zu Fuß oder mit einem normalen Fahrrad zurückzulegen. Dass es im Jahr 2022 zu 8.260 E-Scooter-Unfällen mit Personenschaden kam, darf auch nicht unbeachtet bleiben.

Wo wir hinwollen

Das Ziel Deutschlands, bis zum Jahr 2045 treibhausgasneutral zu sein, kann nur erreicht werden, wenn die CO_2-Emissionen des Verkehrs auf annähernd null sinken. Die bisher getroffenen Maßnahmen reichen dafür bei Weitem nicht aus. Deutschland hat deshalb für den Straßenverkehr verschiedene Klimaziele festgelegt, um den Ausstoß von Treibhausgasen zu reduzieren und den Verkehrssektor umweltfreundlicher zu gestalten. Nach dem Bundes-Klimaschutzgesetz müssen die Treibhausgasemissionen des Verkehrs bis zum Jahr 2030 auf 84 Millionen Tonnen CO_2-Äquivalente (CO_2e) sinken – im Vergleich zum Jahr 2019 bedeutet das fast eine Halbierung.

Eine Verkehrswende ist dafür unumgänglich. Im Fokus stehen dabei die Umstellung auf erneuerbare Energieträger, eine »Neue Mobilität« und die Vernetzung verschiedener Formen des Individual- und Personennahverkehrs. Dies muss in einem ganzheitlichen Prozess geschehen, der die Gesellschaft und ihre Werte gleichermaßen miteinbezieht wie die politischen Interessen und technischen Voraussetzungen. Insbesondere für die Reduzierung der privaten Pkw-Mobilität muss ein großes Umdenken in der Bevölkerung und damit ein Kulturwandel stattfinden. Die größte Herausforderung ist, in unserer Gesellschaft die Akzeptanz für eine nachhaltigere Entwicklung zu gewinnen. Dabei sollten die drei Dimensionen der Nachhaltigkeit – wirtschaftlich effizient, sozial gerecht, ökologisch tragfähig – gleichberechtigt betrachtet werden. Um die globalen Ressourcen langfristig zu erhalten, sollte Nachhaltigkeit die Grundlage aller politischen Entscheidungen sein.

Das wohl größte Hindernis stellt das selbstverständliche und historisch gewachsene Nutzungsverhalten der vielen Autofahrerinnen und Autofahrer

dar – das Ergebnis eines jahrzehntelangen automobilzentrierten Infrastruktur-
ausbaus. So prägt Mobilität unseren Alltag mehr denn je: Sie bedeutet für uns
nicht mehr nur Erreichbarkeit, sondern steht zudem für Freiheit und Unabhängigkeit, Wohlstand und Prestige, soziale und gesellschaftliche Teilhabe. Mit
einer Verkehrswende wird also unser bisheriges, tief verankertes Wertesystem
erst einmal infrage gestellt.

Neue Gesetze werden hier deshalb kaum greifen. Es müssen hingegen viel
Überzeugungsarbeit hinsichtlich der großen Bedeutung einer Verkehrswende
aufgebracht und ein Umdenken bezüglich unserer Werte und Gewohnheiten
erreicht werden. Dies kann nur gelingen, wenn die Zukunft der Mobilität
ganzheitlich betrachtet wird: Sie muss nicht nur klima- und umweltfreundlich

Vier wichtige Hebel zur Erreichung der Verkehrswende

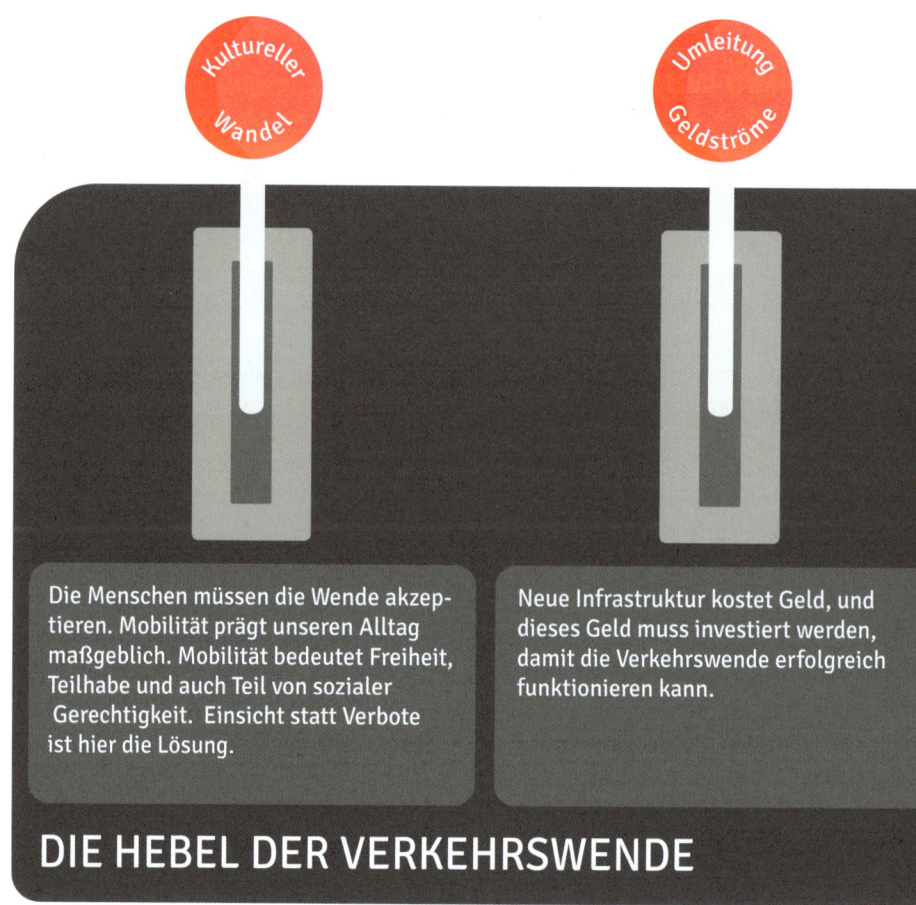

Kultureller Wandel

Umleitung Geldströme

Die Menschen müssen die Wende akzep-
tieren. Mobilität prägt unseren Alltag
maßgeblich. Mobilität bedeutet Freiheit,
Teilhabe und auch Teil von sozialer
Gerechtigkeit. Einsicht statt Verbote
ist hier die Lösung.

Neue Infrastruktur kostet Geld, und
dieses Geld muss investiert werden,
damit die Verkehrswende erfolgreich
funktionieren kann.

DIE HEBEL DER VERKEHRSWENDE

sein, sondern auch komfortabel, sicher und für alle bezahlbar. Sie muss in der Stadt, vor allem aber auf dem Land deutlich besser auf die individuellen Mobilitätsbedürfnisse zugeschnitten werden. Da die Lebensumstände im ländlichen Raum anders sind als die in der Stadt – und der Autobesitz dort fast doppelt so verbreitet –, wird und muss der Umbruch im Verkehrssektor in der Stadt und auf dem Land unterschiedlich verlaufen.

Deshalb muss die Verkehrswende also auf zwei Säulen aufbauen: erstens auf einer Mobilitätswende, die eine qualitative Veränderung des Verkehrsverhaltens durch eine effiziente Gestaltung der Verkehrssysteme ohne Einschränkung der Mobilität bringt, sowie zweitens auf einer Energiewende, um die nötige klimaneutrale Antriebsenergie bereitzustellen.

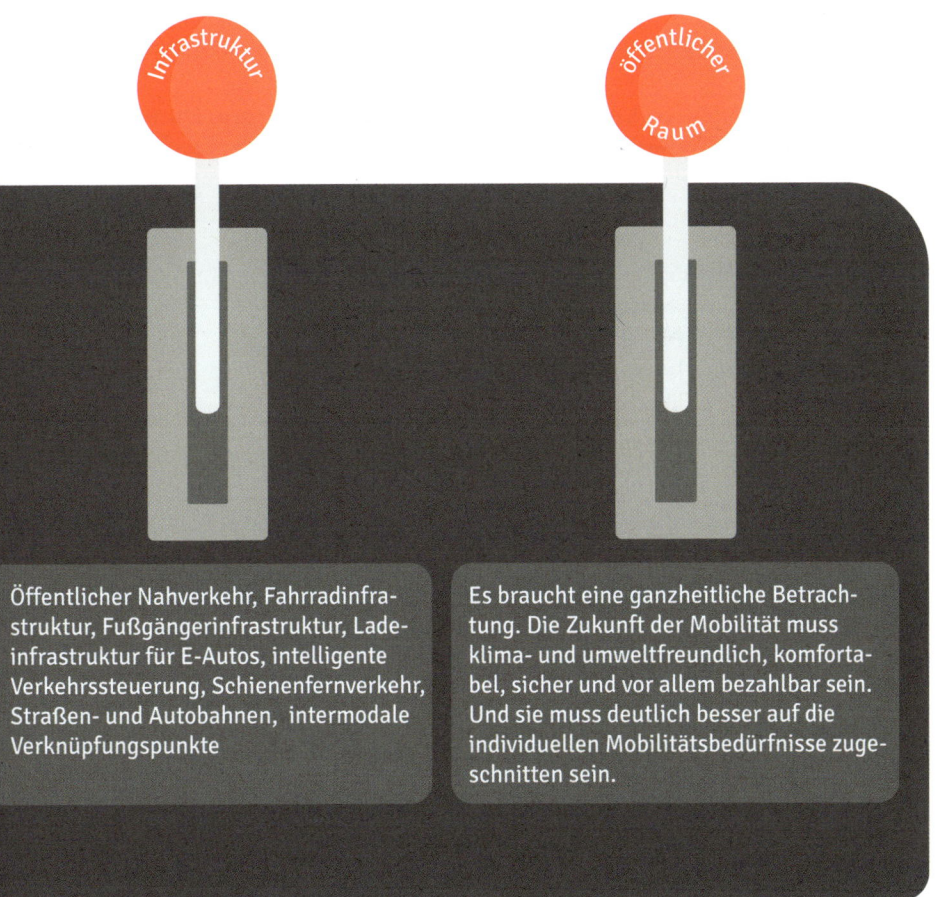

Infrastruktur

öffentlicher Raum

Öffentlicher Nahverkehr, Fahrradinfrastruktur, Fußgängerinfrastruktur, Ladeinfrastruktur für E-Autos, intelligente Verkehrssteuerung, Schienenfernverkehr, Straßen- und Autobahnen, intermodale Verknüpfungspunkte

Es braucht eine ganzheitliche Betrachtung. Die Zukunft der Mobilität muss klima- und umweltfreundlich, komfortabel, sicher und vor allem bezahlbar sein. Und sie muss deutlich besser auf die individuellen Mobilitätsbedürfnisse zugeschnitten sein.

Deswegen ist ein Tempolimit wichtig

Allein an der bereits seit Jahrzehnten die Gemüter erhitzenden Diskussion um das Tempolimit auf deutschen Autobahnen sieht man die Schwierigkeit, von einem neuen, klimafreundlicheren Weg zu überzeugen. Deutschland ist das einzige Land in Europa, das noch kein Tempolimit eingeführt hat. Entgegen anderslautenden Behauptungen gibt es in Deutschland auf nur rund 30 Prozent der 26.000 Kilometer Autobahnstrecke (beide Fahrtrichtungen) Geschwindigkeitsbegrenzungen, auf dem Rest herrscht freie Fahrt.

Dabei wäre ein Tempolimit mit Blick auf die Klimaziele nur konsequent:

- Es ist die einzige fast kostenfreie Maßnahme, um die Emissionen des Verkehrssektors schnell zu senken. Durch langsameres Fahren können wir alle sofort und ohne zusätzliche Kosten zu diesem Ziel beitragen und so aktiv das Klima schützen. Denn allein ein Tempolimit von 130 Kilometer pro Stunde auf Autobahnen würde schon 1,9 Millionen Tonnen (CO_2e) einsparen.[75]
- Bei Dieselmotoren hat eine langsamere Fahrgeschwindigkeit außerdem den Effekt, dass weniger schädliche Abgase entstehen, die Stickoxide und Feinstaub enthalten.
- Je schneller man fährt, desto stärker wird der Luftwiderstand. Der Luftwiderstand steigt quadratisch mit der Geschwindigkeit, das heißt, eine Verdoppelung der Geschwindigkeit führt zu einem vierfachen Luftwiderstand, und entsprechend steigt der Energieverbrauch.
- Tatsächlich fahren auch auf Abschnitten ohne Tempolimit rund 77 Prozent der Autofahrer langsamer als 130 km/h, wie eine neue IW-Studie zeigt. Weitere zwölf Prozent fahren zwischen 130 und 140 km/h, und weniger als zwei Prozent fahren schneller als 160 km/h.[76]

Was wir tun müssen

Die Mobilitätswende gestalten

Die Verkehrsinfrastruktur der Zukunft muss neu gedacht werden und einem allumfassenden Konzept folgen, das adäquate Lade- und Tankstellen für die alternativen Energieträger zur Verfügung stellt. Ebenso eine digitale Infrastruktur und ein schnelles, flächendeckendes Internet. Wichtig ist, schon von vornherein mit einem flexiblen Ansatz zu planen, da bei allen Maßnahmen und Umstrukturierungen die erforderliche Infrastruktur je nach Standort (Unterschiede Stadt–Land), Verkehrsaufkommen und spezifischen Bedürfnissen variieren kann. Gleichzeitig sind aber auch eine ganzheitliche Betrachtung und Abstimmung entscheidend, um eine effektive Verkehrswende zu erreichen.

Wirksam, kostenneutral und sofort umsetzbar

Das Tempolimit –
wie viel CO_2 könnte pro Jahr
eingespart werden?

130

1,9 Millionen Tonnen. Das entspricht
ca. 285.000 Langstreckenflügen.

Quelle: https://www.umweltbundesamt.de/
presse/pressemitteilungen/tempolimit-
auf-autobahnen-mindert-co2-emissionen

Öffentliche Verkehrsmittel ausbauen

Maßgeblich entscheidend ist ein gut ausgebautes Netz von öffentlichen Verkehrsmitteln, das je nach Gebiet und Bedarf Straßenbahnen, Busse, U-Bahnen, S-Bahnen und regionale Züge umfasst. Es beinhaltet eine ausreichende Anzahl von Fahrzeugen, regelmäßige und eng getaktete Fahrpläne (auch am Wochenende) und zuverlässige Verbindungen, die mit zusätzlichen flexiblen Angeboten wie Car- und Bikesharing verbunden sind. So könnten beispielsweise in Zukunft selbstfahrende Shuttles (im Idealfall per App buchbar) eine flexible Ergänzung für Bus- und Bahnlinien sein und die ersten und letzten Meter von der Haltestelle zur Haustür bequem und bedarfsgerecht bedienen. Und es braucht dringend kostengünstige, für alle sozialen Schichten finanzierbare Fahrangebote, die attraktiv genug sind, damit die Menschen von Autos auf öffentliche Verkehrsmittel umsteigen wollen.

Sicheres Fahrradwegenetz schaffen

Um das Radfahren attraktiver zu machen, ist ein gut ausgebautes und sicheres Netz von Fahrradwegen notwendig. Dazu gehören separate, großzügige und mit gutem Untergrund ausgebaute Radwege sowie Fahrradstraßen, Fahrradparkplätze und Fahrradverleihstationen. Gerade geschützte Radwege können Menschen wieder zum Radfahren bringen, die eigentlich das Rad nutzen möchten, sich das aber im anspruchsvollen städtischen Verkehr nicht trauen. Die Infrastruktur sollte durchgehend sein und in die Verkehrsplanung miteinbezogen werden. Dabei ist ein sachlich geführter Dialog bei der Planung von Innenstädten mit Ladenbesitzern sicher hilfreich, denn tatsächlich kommen circa 90 Prozent der Umsätze durch Laufkundschaft. In Waltrop gibt es jetzt Generationenparkplätze. Sie können zum Beispiel von Senioren genutzt werden, die keine weiten Wege mehr zurücklegen können.

Straßen und Stadtviertel alternativ gestalten

Laut dem *Mobility Report 2021*[77] des Zukunftsinstituts rückt bereits seit der Coronakrise das Prinzip der »Road Diet« (Reduzierung der Kraftfahrzeugräume auf den Straßen zugunsten von Radfahrern und Fußgängern) sowie der »Shared Streets« (gemeinsam genutzter Raum für alle Verkehrsteilnehmerinnen und Verkehrsteilnehmer) immer mehr in den Vordergrund: Städte beginnen ihre bisherigen Mobilitätskonzepte zu hinterfragen und ihre Räume anders zu verteilen. Das Auto soll zurückgedrängt werden und mehr Platz für Fußgänger und Radfahrer machen; Parkplätze sollen zu Zonen für Begegnungen und mehr soziale Aktivitäten werden. Entstehen soll dabei eine neue, bessere urbane Lebensqualität. Die Anschaffung eines eigenen Autos soll außerdem durch umfangreiche Sharingdienste und vor allem ein gut ausgebautes Netz öffentlicher Verkehrsmittel uninteressant werden: Je nach Bedarf und Situationen können die Menschen spontan ihr Fortbewegungsmittel wechseln. Ebenfalls werden Fahrzeuge der Mikromobilität sowohl für die private Nutzung als auch den logistischen Einsatz zunehmen. Zudem kann die Förderung von Carsharing und Mitfahrgelegenheiten dazu beitragen, die Anzahl der Fahrzeuge auf der Straße zu reduzieren und den Verkehr effizienter zu gestalten.

Antriebsarten im Vergleich

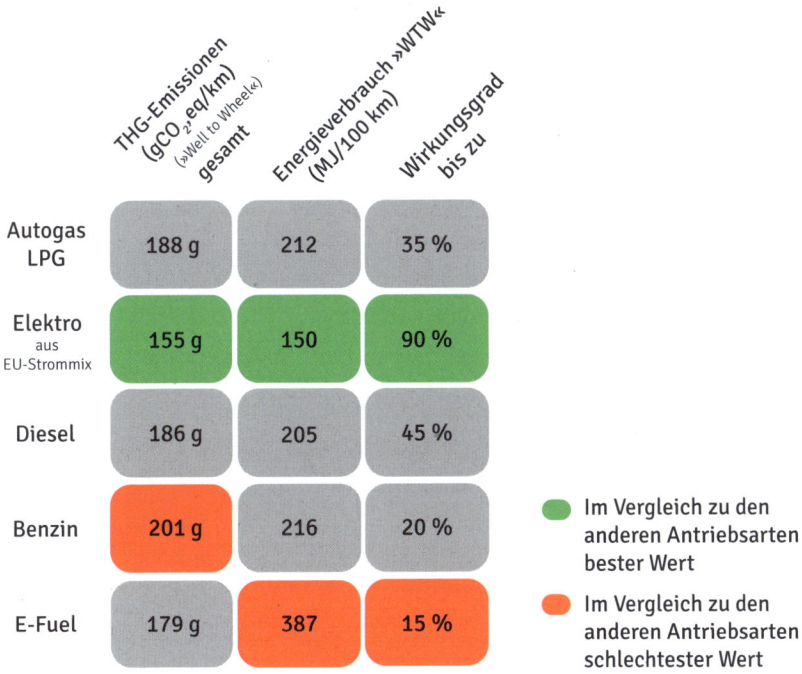

Quellen: https://www.prinsautogas.com/de/nachrichten/elektro-gas-benzin-diesel-und-hybrid-welcher-dieser-kraftstoffe-hat-die-beste-co2
https://e-mobilio.de/aktuelles/batterien-sauberer-als-wasserstoff-e-fuels#:~:text=Mit%20Wasserstoff%20betriebene%20Autos%20sind,CO2%20pro%20Kilometer%20aufweisen.
https://de.statista.com/statistik/daten/studie/151812/umfrage/primaerenergiebedarf-ausgewaehlter-kraftstoffe/
http://www.mx-electronic.com/pdf-texte/link-e-mobility/Der-Elektrofachmann-Wirkungsgrad-Vergleich-zwischen-Fahrz.pdf

Straßen und Autobahnen sanieren, statt neue zu bauen

Bei Straßen- und Autobahnen soll eine leistungsfähige Infrastruktur durch einen stärkeren Fokus auf Erhalt und Sanierung von Straßen und Brücken gewährleistet werden, für Stauschwerpunkte und Engstellen im Netz der Bundesfernstraßen müssen Lösungen gesucht werden. Es bleibt allerdings das Problem bestehen, dass sowohl für die Sanierung als auch für den Neubau von Straßen Beton benötigt wird, und vier bis acht Prozent der weltweiten CO_2-Emissionen gehen auf die Rechnung der Betonproduktion.

Intelligente Verkehrssysteme etablieren

Durch die Einführung intelligenter Verkehrssysteme kann der Verkehrsfluss optimiert werden: Intermodale Verknüpfungspunkte, an denen verschiedene Verkehrsmittel nahtlos ineinandergreifen, werden zukünftig den einfachen Wechsel zwischen Bus, Bahn, Fahrrad und Fußweg ermöglichen.

Stadtplanung und räumliche Gestaltung anpassen

Erforderlich ist auch eine angepasste Stadtplanung, die der Devise »Weniger Platz für das private Auto und dafür mehr Raum für Alternativen sowie für urbane Aktivitäten und Bedürfnisse« folgt. Durch die Schaffung von gemischten Wohn- und Gewerbegebieten, die eine gute Anbindung an den öffentlichen Nahverkehr bieten, können Wege verkürzt und der Bedarf an Autofahrten reduziert werden.

Strom zur Antriebstechnologie der Zukunft machen

Trotz aller Umstrukturierungen werden wir auf das Auto aber nicht komplett verzichten können – insbesondere in ländlichen Räumen werden die Bewohnerinnen und Bewohner auch perspektivisch oft weiterhin auf ihr Auto angewiesen sein. Umso dringender ist es, klimafreundlichere Lösungen für den Autoverkehr zu finden. Die Förderung von mit Strom angetriebenen Fahrzeugen ist hier unumgänglich: Elektromotoren gelten im Vergleich zu Verbrennungsmotoren als erheblich effizienter und haben einen deutlich höheren Wirkungsgrad. Selbst wenn ein Elektroauto nicht mit Ökostrom betrieben wird, sind die CO_2-Emissionen pro Kilometer nur halb so hoch wie bei einem vergleichbaren Verbrenner. Der Ausbau der öffentlichen Ladeinfrastruktur ist daher zwingend erforderlich. Das Ladesäulenregister der Bundesnetzagentur enthält 73.683 Normalladepunkte und 16.622 Schnellladepunkte, die am 1. Mai 2023 in Betrieb waren. Ziel der Bundesregierung ist ein flächendeckendes und nutzerfreundliches Netz aus einer Million öffentlich zugänglichen Ladepunkten in Deutschland im Jahr 2030. Weitere einschlägige Vorteile von Elektroautos:

- Elektromotoren nutzen die Möglichkeit der Energierückgewinnung beim Bremsen und Verzögern. Die dabei gewonnene Energie kann in der Batterie gespeichert und später für den Antrieb genutzt werden.
- Elektromotoren sind anpassungsfähiger an unterschiedliche Fahrbedingungen.
- Im Vergleich zu Verbrennungsmotoren haben Elektromotoren weniger bewegliche Teile, was zu geringerem Reibungsverlust und höherer Effizienz führt.
- Elektromotoren sind deutlich haltbarer und haben weniger Wartungsbedarf: 300.000 Kilometer und mehr sind selbst bei frühen älteren Elektroautos kein Problem.

Bei der Lebenszyklusanalyse kommen Elektrofahrzeuge zwar auf den ersten Blick nicht so gut weg, denn durch die energieaufwendige Produktion der Batterie schleppen diese einen gut gefüllten CO_2-Rucksack schon gleich mit in ihr »Leben«. Doch im Laufe des Fahrbetriebs leert sich der Rucksack nach und nach – je sauberer der Betriebsstrom hergestellt wird, desto schneller. So ergibt die CO_2-Bilanz des ADAC, dass schon mit dem jetzigen Stand der Technik der CO_2-Nachteil ab Fahrleistungen von 50.000 bis 100.000 Kilometern ausgeglichen ist. Die Gesamteffizienz hängt aber auch noch von anderen Faktoren wie der Effizienz der Stromerzeugung und -verteilung, dem Ladeprozess und der Energiedichte sowie Lebensdauer der Batterie ab.[78]

Man darf jedoch nicht nur die Produktion der Fahrzeuge betrachten, sondern muss auch die Herstellung der Treibstoffe, den Verbrauch und den Schadstoffausstoß miteinbeziehen. Dabei hat das Elektroauto die eindeutig bessere Ökobilanz. Außerdem arbeiten Entwickler und Hersteller intensiv daran, die Produktion der Batterien klimafreundlicher zu gestalten und ihre Leistungsfähigkeit zu steigern. Es wird an kleineren und leichteren Batterien geforscht, die ohne problematische Stoffe wie Lithium und Kobalt auskommen. Bis die von der Ampelkoalition für 2030 angestrebten 15 Millionen E-Autos wirklich auf Deutschlands Straßen fahren, ist es noch ein weiter Weg. Ein Durchbruch von Elektroautos kann nur durch die Akzeptanz der Menschen gelingen, und diese erreicht man nur, indem die Autos deutlich günstiger in der Anschaffung werden und es langfristig steuerliche Erleichterungen gibt. Die Bundesregierung plant, dass die bestehenden 90.000 öffentlichen Ladestellen – als offizielle Richtschnur – auf eine Million erhöht werden. Der Aufbau von Ladestellen – ob nun öffentlich oder privat – muss bedarfsgerecht und unbürokratisch ablaufen. Und es braucht geeignete gesetzliche Rahmenbedingungen für eine Förderung von Elektromobilität.

Woher die Energie kommen könnte

Wenn der Verkehrssektor umfassend elektrifiziert wird, werden verschiedene Energiequellen und eine entsprechende Infrastruktur zur Versorgung der geplanten 15 Millionen E-Autos benötigt. Der Ausbau und die Modernisierung des Stromnetzes sind daher entscheidend für die Bereitstellung der benötigten Kapazität und Zuverlässigkeit der Stromversorgung. Ob dafür auch eine ausreichende Menge an regenerativen Energien zur Verfügung steht, ist abhängig von der grundsätzlichen Energiewende Deutschlands – aktuell spielen nach wie vor klimaschädliche Kohlekraftwerke eine wichtige Rolle im deutschen Strommix und damit auch für die Stromeinspeisung der E-Autos (siehe Kapitel »Energie«).

Um die langfristigen Klimaziele zu erreichen, sollten erneuerbare Energien einen immer größeren Anteil an der Energieversorgung des Verkehrssektors ausmachen. Der verstärkte Ausbau von Solarenergie, Windenergie, Wasserkraft und Biomasse spielt deshalb eine zentrale Rolle, weil sie kohlenstoffarm sind und ein geringes Treibhausgasemissionspotenzial aufweisen. Auch im Wasserstoff liegt viel Potenzial für die Energieversorgung der Zukunft. Wasserstoff ist flexibel einsetzbar, leicht transportierbar und sehr klimafreundlich, wenn für seine Herstellung erneuerbare Energien verwendet werden. Sein Einsatz würde ermöglichen, die deutsche Industrie sowie den Verkehrssektor klimaschonend umzugestalten. Auch im Flugverkehr wird bereits am möglichen Einsatz von Wasserstoff gearbeitet. So soll beispielsweise am Stuttgarter Flughafen ein Entwicklungszentrum für Wasserstoffflugzeuge entstehen, und auch das Branchenschwergewicht Airbus plant bis 2035 ein marktreifes Passagierflugzeug mit Flüssigwasserstoffantrieb. Neben dem Ausbau der Wasserstoffinfrastruktur braucht es vor allem dringend Lösungen für den derzeit noch zu hohen Preis von Wasserstoff sowie für eine effektive und klimafreundliche Wasserstoffherstellung und gerade bei Flugzeugen für eine geeignete Treibstofflagerung.

Bei der Förderung erneuerbarer Energien könnte die Integration von dezentralen Energiesystemen unterstützend wirken, wie z. B. Solaranlagen auf Gebäuden und dezentralen Energiespeichern. Diese Systeme ermöglichen eine lokale Energieerzeugung und -speicherung, was die Abhängigkeit von zentralen Stromnetzen verringern kann. Die Prognosen der International Energy Agency (IEA) machen deutlich, dass die Energiespeicherung in den kommenden Jahrzehnten exponentiell wachsen muss, damit die Welt die internationalen Klimaschutz- und Nachhaltigkeitsziele einhalten kann. Beschleunigte Innovation wird für dieses Wachstum von entscheidender Bedeutung sein.

Wahrscheinlich ist, dass eine Kombination dieser regenerativen Energiequellen genutzt wird, um den Verkehrssektor effektiv zu elektrifizieren. Der genaue Energiemix wird von verschiedenen Faktoren wie der Verfügbarkeit der Energiequellen, der Technologieentwicklung und den politischen Rahmenbedingungen abhängen.

Zur Optimierung des Verkehrsflusses und für mehr Sicherheit wird autonomes Fahren die Norm.

Fliegende Autos/Flugtaxis: Reisen ist sowohl auf der Straße als auch in der Luft möglich, um Staus zu vermeiden.

Visionäre Lösungen

Robotaxis: Das eigene Auto verschwindet, autonome Fahrzeuge dominieren das Stadtbild und garantieren ein ständiges Mobilitätsangebot.

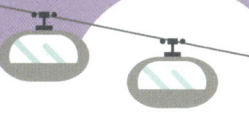

Urbane Seilbahnen werden Teil des Stadtbildes, da sie einige Vorteile bieten: Barrierefreiheit, geringerer Platz- und Energiebedarf, vergleichsweise niedrige Kosten.

Eigentlich schon Gegenwart: der Einsatz von Drohnen in den Bereichen Logistik, Industrie, Landwirtschaft, im Rettungswesen und zunehmend auch im Bereich des »Delivery-Services«.

Hyperloop von Elon Musk: In einem Röhrensystem werden Passagierkapseln auf Luftpolstern transportiert. Durch ein Teilvakuum können Geschwindigkeiten von bis zu 1.225 Stundenkilometern erreicht werden.

Gleich loslegen!

Tipps für dich und mich

- mit Fahrrad, Bus oder Bahn zur Arbeit oder zum Einkaufen fahren (Lastenfahrrad oder Anhänger als Unterstützung nutzen)

- Fahrgemeinschaften und Carsharing nutzen

- auf Elektromobilität umsteigen

- vorausschauend fahren und auf hohe Geschwindigkeit verzichten sowie unnötiges Bremsen und Anfahren vermeiden

- Flüge möglichst vermeiden und Kurz- oder Mittelstreckenflüge durch die Bahn ersetzen

- Sind Flüge wirklich unvermeidlich, die CO_2-Emissionen ausgleichen oder den Kauf von Sustainable Aviation Fuel (SAF) unterstützen

Tipps für Unternehmen

- Jobräder fördern

- sichere und überdachte Fahrradabstellplätze bereitstellen

- Mitarbeitern, die mit dem Fahrrad zur Arbeit kommen, ermöglichen, sich zu duschen und umzuziehen.

- ÖPNV-Monatstickets/Jobtickets finanzieren

- Fahrgemeinschaften/Carsharing fördern durch Vernetzungsmöglichkeiten über Intranet/Schwarzes Brett

- E-Autos als Firmenwagen bzw. Einsatzfahrzeuge für den Fuhrpark nutzen

- Homeoffice ermöglichen und Geschäftsreisen so weit wie möglich reduzieren

- durch Schulungen die Belegschaft sensibilisieren und neue Regelungen erklären

- nachhaltige Logistikdienstleister beauftragen und möglichst viele Transporte auf die Schiene verlagern

Wo wir stehen

Die Landwirtschaft hat ein ambivalentes Verhältnis zum Klimawandel. Zum einen ist sie laut dem Intergovernmental Panel on Climate Change (IPCC) weltweit einer der Hauptverursacher von Treibhausgasen wie Methan und Lachgas.[79] Zum anderen ist die Landwirtschaft aber auch der vom Klimawandel am meisten direkt betroffene Sektor. Durch die Veränderungen der Wetterlagen kommt es zum Beispiel immer öfter zu einem Rückgang der Ernteerträge bis hin zum kompletten Ernteausfall.

Die internationale Menschenrechtsorganisation FoodFirst Informations- und Aktions-Netzwerk (FIAN)[80] spricht davon, dass sich die Landwirtschaft aktuell in einem Teufelskreis befindet. Von der Industrie werden Wälder gerodet und Emissionen ausgestoßen, die den Klimawandel befeuern. Auf den verdichteten, erodierten und ausgelaugten Böden können unter diesen Umständen nicht ausreichend Pflanzen für die Nahrungsmittelherstellung wachsen, woraufhin immer mehr Flächen gerodet und noch intensiver bewirtschaftet werden.

Ursachen für klimawandelbedingte Ernteausfälle

Zu warmer Winter: Raps und Gerste müssen frieren, um zu keimen (Vernalisation = Kältereiz). Ist der Winter zu warm, wachsen die Pflanzen nicht.

Warmer Winter und später Frost: Bei warmen Temperaturen im Frühjahr treiben beispielsweise Apfel- oder Kirschblüten zu früh aus. Wenn es dann doch noch einmal friert, kommt es zu Schäden an den Blüten.

Kahlfröste: Wenn es im Winter schneit, isoliert die Schneedecke die darunterliegenden Pflanzen vor der Kälte. Derzeit häufen sich die Tage ohne Schnee und mit Temperaturen unter minus zehn Grad Celsius. In der Folge erfrieren viele Pflanzen.

Extreme Hitzetage: Wenn es im Frühjahr während der Getreideblüte zu heiß ist, führt das zu großen Schäden an Weizen und anderen Getreidesorten.

Dürre, Überschwemmungen und Unwetter mit Hagel: Die durch den Klimawandel nun häufiger auftretenden Phänomene verursachen große Schäden und Ernteausfälle.

Emissionen

Haupttreibhausgase Methan und Lachgas

Die klassischen Emissionen der Landwirtschaft sind hauptsächlich Methan und Lachgas, CO_2 spielt nur eine untergeordnete Rolle.

Methan entsteht bei der Verdauung im Magen von Rindern, Schafen und Ziegen. Vor allem durch häufiges Rülpsen stoßen die Tiere das Methan aus, wodurch es in die Atmosphäre gelangt und dort in etwa die 28-fach klimaschädliche Wirkung von CO_2 entfaltet.

Lachgas ist pro Kilogramm sogar 300-mal so klimaschädlich wie CO_2 und entsteht zum Beispiel bei der Ausbringung von Stickstoffdünger auf die Felder. Des Weiteren gibt es Emissionen aus Landnutzungsänderungen, auf die im Kapitel »CO_2-Senken« näher eingegangen wird.

Ackerbau und Viehzucht

Durch den Anbau von Pflanzen sowie die Tierhaltung wurden 2021 in Deutschland gut 56 Millionen Tonnen CO_2-Äquivalente (CO_2e) freigesetzt,[81,82] das entspricht einem Anteil von circa acht Prozent an den Gesamtemissionen. Es gibt aber auch noch indirekte Klimaeffekte, die zum Beispiel durch die Umwandlung von Waldfläche in Ackerland entstehen. Rechnet man alle Nettoemissionen im Zusammenhang mit Landnutzungsänderungen sowie Nutzung von Acker und Grünland zusammen, betrugen die Emissionen der Landwirtschaft 2021 insgesamt 105 Millionen Tonnen CO_2e. Bezogen auf die Gesamtemissionen Deutschlands, macht das einen Anteil von rund 14 Prozent aus.

Lebensmittelproduktion und -verteilung

Nicht nur der Anbau von Obst und Gemüse und die Produktion von Milch und Fleisch verursachen Emissionen, sondern auch die Verarbeitung, Verteilung und vor allem die Entsorgung von daraus gewonnenen Lebensmitteln.

Je mehr ein Produkt verarbeitet wird, desto mehr Energie, längere Transportwege und mehr Verpackung werden benötigt und somit auch mehr Treibhausgasemissionen verursacht.

Zudem ist eines der größten Probleme, dass immer noch zu viele Lebensmittel im Abfall landen.[83] Lebensmittelabfälle entstehen an jedem Punkt der Wertschöpfungskette, allein in Deutschland sind es rund zwölf Millionen Tonnen im Jahr.[84] Etwa die Hälfte aller Lebensmittelabfälle fallen in privaten Haushalten an. Weltweit wird circa ein Drittel aller Lebensmittel weggeworfen, was laut der Ernährungs- und Landwirtschaftsorganisation der Vereinten Nationen (FAO) jährlich circa 3.300 Millionen Tonnen CO_2e emittiert.[85] Zum Vergleich: Die Europäische Union (EU) emittiert insgesamt circa 3.500 Millionen Tonnen CO_2e pro Jahr.[86]

Der gesamte Lebensmittelsektor (einschließlich Landwirtschaft, Transport, Verpackung, Kühlung und Abfall) verursacht weltweit – nach Berechnungen der Nichtregierungsorganisation GRAIN und der Kleinbauernbewegung La Via Campesina – 44 bis 57 Prozent aller Treibhausgase.[87] Die Weltbank wiederum rechnet circa ein Drittel der weltweiten Emissionen der Landwirtschaft zu.[88]

Die gute Nachricht ist, dass in Deutschland seit 1990 die Emissionen aus der Landwirtschaft immerhin bereits um 22 Millionen Tonnen CO_2e gesunken sind.[89] Damit ist ein Großteil der für diesen Sektor gesetzten Ziele bereits erreicht – bis 2030 soll der Ausstoß deshalb nur noch um sieben Prozent (circa vier Millionen Tonnen CO_2e) reduziert werden.[90] Um aber die Emissionen in der Atmosphäre zu verringern, braucht es gerade für die Landwirtschaft noch weitere Konzepte. Die Lösung ist hier die Aufnahme von CO_2 aus der Atmosphäre durch Pflanzen (siehe hierzu das Kapitel »CO_2-Senken«).

Die Bedeutung des Bodens

Der Boden verfügt über viele Funktionen und ist das wichtigste Kapital der Landwirtschaft. Und er stellt die Basis für unsere Ernährung und unser Leben dar. Auch wenn es mittlerweile technisch möglich ist, Lebensmittel in Systemen komplett ohne Erde zu züchten, ist das doch sehr energieintensiv und derzeit keine Lösung für die gesamte Welt. Außerdem leben in einem gesunden Boden ähnliche Mikroorganismen wie in unserem Darm.[91] Frisches Gemüse von einem gesunden Boden zu essen, trägt somit auch zu unserer Gesundheit bei.

Ein gesunder Boden fördert zudem den Hochwasserschutz: Er kann eine große Menge Wasser aufnehmen, das dann ins Grundwasser versickert. Außerdem speichert er auch Wasser, um es in Zeiten von Dürre wieder an Pflanzen abgeben zu können. Wenn jedoch der Boden diese Funktion nicht erfüllen kann, weil er beispielsweise durch einen großen Parkplatz versiegelt ist, fließt das Wasser nur oberflächlich ab und trägt somit eher zu Überschwemmungen bei. Um die Folgen des Klimawandels abzumildern, sind gesunde Böden für die Landwirtschaft deshalb unabdingbar.

Des Weiteren verfügt ein gesunder Boden über eine gewisse Kapazität, Nähr- und Schadstoffe zu filtern, sodass trinkbares Grundwasser entstehen kann. Und er übernimmt die Regulierung des Nährstoffkreislaufs: Im Boden werden Nährstoffe zerlegt und umgewandelt, die dann wieder Pflanzen zur Verfügung stehen. Ohne gesunden Boden ist die Landwirtschaft gänzlich auf externe, sehr energieintensiv hergestellte Düngemittel angewiesen.

Nicht zuletzt ist unser Boden auch ein Ökosystem, in dem viele verschiedene (Kleinst-)Lebewesen wohnen: Eine Handvoll gesunder Erde enthält mehr Lebewesen, als es Menschen auf der Erde gibt.[92] Die Themen Wasserverfügbarkeit, Gesundheit und Nahrungsmittel hängen also genauso mit unserem Boden zusammen wie die Speicherung bzw. das Freiwerden von CO_2-Emissionen.

Das System der industriellen Landwirtschaft

Landwirtschaft weltweit

Die landwirtschaftlich genutzte Fläche auf der gesamten Erde beträgt circa 4.973 Millionen Hektar. Das entspricht etwa einem Drittel der gesamten Landfläche der Erde. Diese Fläche teilt sich auf in Ackerfläche, Weideland und Dauerkulturen (zum Beispiel Obstbäume oder Weinstöcke).[93] Die weltweite Ackerfläche hat sich – vor allem durch Umwandlung von Primärwald – in den letzten Jahrzehnten stetig vergrößert. Seit 1999 hat sich dieser Trend jedoch sehr verlangsamt, sodass derzeit etwa elf Prozent der Landfläche für den Ackerbau genutzt werden.[94]

Die weltweite Landwirtschaft ist geprägt von Monokulturen. Dadurch können große Flächen mit Maschinen bewirtschaftet werden, und es werden weniger Arbeitskräfte benötigt. Gleichzeitig sind Pflanzen in Monokulturen viel anfälliger für Schädlinge, was den Einsatz von Pestiziden erfordert. Wird jedoch immer wieder dieselbe Pflanze angebaut, werden dem Boden auch immer dieselben Nährstoffe entzogen. Das führt dazu, dass diese Pflanze innerhalb kurzer Zeit nicht mehr wachsen kann. Deshalb wird im besten Fall eine Fruchtfolge etabliert, damit sich der Boden wieder erholen kann (eine typische Fruchtfolge in Deutschland ist beispielsweise Raps - (Winter-)Weizen - Silomais - Sommergetreide).[95] Da in der industriellen Landwirtschaft die Fruchtfolgen jedoch sehr kurz sind, also dieselbe Kultur schnell wieder angebaut wird, werden die Nährstoffe zum Beispiel durch industriellen Dünger zugeführt.

Ein Drittel der gesamten Landfläche der Erde wird landwirtschaftlich genutzt

Quelle: https://www.sciencedirect.com/topics/agricultural-and-biological-sciences/arable-land

Durch die starke Abhängigkeit von Kunstdüngern und Pestiziden sind die Landwirtinnen und Landwirte wiederum auf den Einsatz und Import von fossilen Rohstoffen angewiesen.[96] In traditionellen Anbausystemen hingegen gibt es geschlossene Nährstoffkreisläufe, indem zum Beispiel durch Kompostierung der Abfälle die Nährstoffe wieder auf die Felder zurückgeführt werden.

Die FAO geht davon aus, dass 33 Prozent der globalen Ackerfläche für den Anbau von Viehfutter genutzt wird.[97] Folglich werden nur auf einem kleinen Teil der Flächen Pflanzen angebaut, die direkt zur menschlichen Ernährung beitragen.

Laut der Deutschen Welthungerhilfe hungerten 2021 bis zu 828 Millionen Menschen. Fast drei Viertel davon sind Kleinbäuerinnen und -bauern, die vorrangig für sich selbst Nahrung anbauen. Durch Naturkatastrophen, Kriege und Dürren werden ihre Ernten bedroht, und wegen der herrschenden Armut können sie es sich nicht leisten, Lebensmittel zuzukaufen.

Landwirtschaft in Deutschland[98]

Etwa die Hälfte der gesamten Fläche Deutschlands wird bewirtschaftet, das entspricht gut 17 Millionen Hektar, von denen etwa elf Prozent auf ökologischen Landbau entfallen. Die am häufigsten angebauten Kulturen sind Winterweizen, Silomais und Raps. Zwei Drittel aller Betriebe halten Nutztiere, gut 60 Prozent der Erlöse werden mit tierischen Produkten erwirtschaftet.

Flächennutzung – Bodenfläche nach Nutzungsarten 2020 in Prozent

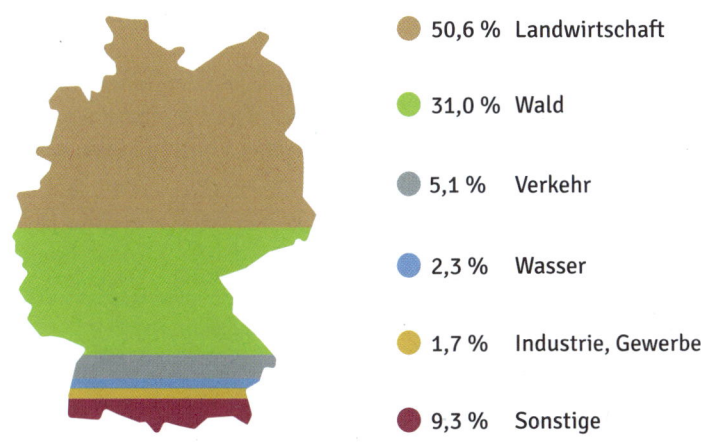

- 50,6 % Landwirtschaft
- 31,0 % Wald
- 5,1 % Verkehr
- 2,3 % Wasser
- 1,7 % Industrie, Gewerbe
- 9,3 % Sonstige

Quelle: Nach dem Amtlichen Liegenschaftskataster-Informationssystem (ALKIS Nutzungsarten-katalog)., Statistisches Bundesamt, Fachserie 3 Reihe 5.1, BMEL

Ein Drittel der landwirtschaftlichen Erzeugnisse wird exportiert. Deutschland ist damit weltweit viertgrößter Exporteur von Agrarerzeugnissen – obwohl es flächenmäßig nur an Stelle 62 steht.[99] Möglich ist dies nur durch eine sehr intensive Landnutzung und damit auch Ausbeutung der Bodenressourcen.

Die deutsche (und auch europäische) Landwirtschaft wird hochsubventioniert – ohne staatliche Hilfe könnten die wenigsten Betriebe wirtschaftlich arbeiten und überleben. Doch während zwischen 2010 und 2020 die Gesamtzahl der landwirtschaftlichen Betriebe um circa zwölf Prozent auf 262.000 Betriebe sank, wuchs immerhin die Zahl der Ökobetriebe um über 60 Prozent auf gut 35.000 Betriebe an – das entspricht ca. 13 Prozent. Der Anteil soll sich noch weiter erhöhen: nach dem Ziel der Bundesregierung bis zum Jahr 2030 auf 30 Prozent.[100]

Auch die Zahl der Menschen, die in der Landwirtschaft arbeiten, geht stetig zurück. Die Folge ist eine Entwicklung hin zu immer mehr industrialisierter Landwirtschaft. So können heute eine Landwirtin oder ein Landwirt in Deutschland im Schnitt 142 Menschen ernähren, während es nach dem Zweiten Weltkrieg gerade einmal zehn Menschen waren.[101]

Probleme der Landwirtschaft

»Agriculture is the main driver of environmental degradation in Europe«[102] (Die Landwirtschaft ist die Hauptursache für die Umweltzerstörung in Europa), lautete eine Artikelüberschrift im Magazin *People and Nature* – das betrifft nicht nur die Emissionen und den Klimawandel, sondern fast alle Aspekte unserer Umwelt.

Bodendegradation

Falsche Bodenbearbeitung führt zur Verschlechterung der Bodenqualität. Das fiel in den letzten 70 Jahren nicht besonders auf, weil Kunstdünger den Verlust über eine gewisse Zeitspanne ausgleichen können. Mittlerweile haben Erosion,

Verdichtung durch schwere Landmaschinen und das Fehlen von organischem Material aber teilweise zu sehr ausgelaugten Böden mit gestörter Struktur (Bodengefüge) geführt. Weltweit gehen somit jedes Jahr circa zehn Millionen Hektar Ackerboden verloren.[103] Das wiederum betrifft direkt die Nahrungsmittelproduktion und führt zur Abholzung von Wäldern, um die verlorenen Flächen durch Umwandlung von Wald in Ackerland auszugleichen.

Flächenverbrauch

Die Bodendegradation sorgt also direkt für einen höheren Flächenverbrauch – und das, obwohl es ohnehin schon einen Konflikt um die sinnvolle Verteilung der verfügbaren Fläche gibt. Die Nutzungsmöglichkeiten von Ackerland müssen gegeneinander abgewogen werden, wodurch Flächenkonkurrenz, also der sogenannte »Teller – Trog – Tank«-Konflikt entsteht: Wir brauchen Nahrungsmittel in Form von Getreide und Gemüse, gleichzeitig aber auch Tierfutter, um unseren Bedarf an tierischen Produkten zu decken.

Der Flächenbedarf für die Produktion von Proteinen aus tierischer Herkunft ist circa sechs- bis siebzehnmal so hoch[104] wie der für pflanzliches Protein. Darüber hinaus sollen vermehrt Biokraftstoffe sowie biobasierte Rohstoffe hergestellt werden, um die Abhängigkeit von fossilen Rohstoffen zum Beispiel für Plastik zu lösen (Stichwort Bioökonomie).[105]

Der Konflikt um die Flächen führt dazu, dass Ackerland weltweit immer mehr in den Fokus von Investoren und Spekulanten gerät. Seit der Finanzkrise 2008/09 suchen Investoren nach »sicheren« Anlagen und treiben so die Grundstückspreise weltweit nach oben. Das zeigt sich nicht nur in den Ländern des globalen Südens, wo unter dem Stichwort »Landgrabbing« der Ausverkauf der landwirtschaftlichen Flächen an ausländische Konzerne gemeint ist, sondern auch in Europa und in Deutschland: Durch die rasant steigenden Preise können sich Landwirtinnen und Landwirte neue Flächen kaum noch leisten. Für viele sind außerdem die hohen Pachtgebühren ein Grund, ihren Betrieb aufzugeben. Sie wünschen sich deshalb Beschränkungen, an wen Land verkauft werden darf.[106]

Biodiversität und Zerstörung der Ökosysteme

Die Landwirtschaft ist der größte Verursacher des Biodiversitätsverlusts.[107] Von den 28.000 Spezies, die vor dem Aussterben stehen, gehen 24.000 auf das Konto der Landwirtschaft. Denn durch den Einsatz von Pestiziden werden nicht nur die »Schädlinge«, sondern alle Insekten in ihrer Lebensgrundlage beeinträchtigt oder sogar vernichtet – und damit auch die natürlichen Fressfeinde der meisten sogenannten Schädlinge. In großen Monokulturen leben deshalb viel weniger Tiere und Insekten als in natürlichen oder naturnahen, gesunden Ökosystemen.

Die Bedrohung der Artenvielfalt ist dabei nicht nur ein Thema für Tierschützer, sondern wirkt sich direkt auf unsere Nahrungsmittelproduktion aus:[108] Insekten sorgen für die Bestäubung vieler unserer Kulturpflanzen. Außerdem werden Nähr- und Botenstoffe natürlicherweise durch Pilze im Boden transportiert. Da Letztere aber durch Bodenbearbeitung und Fungizide beeinträchtigt werden, bleibt dieser Vorgang aus, und die Pflanzen werden anfälliger für Krankheiten.

Wasserkonflikte

In der Landwirtschaft wird das meiste Süßwasser verbraucht. Weltweit rechnet man mit circa 70 Prozent des Gesamtverbrauchs. Mit steigender[109] Tendenz, da durch den Klimawandel und damit einhergehender Wasserknappheit und Dürre immer mehr Flächen bewässert werden müssen. Folglich wird der Grundwasserspiegel weiter sinken, und die Konflikte um die Nutzung des Grundwassers als Trinkwasser werden sich verschärfen.

Laut Bundesregierung macht die Landwirtschaft in Deutschland nur zwei Prozent des Wasserverbrauchs aus. Diese Angabe ist jedoch nicht besonders zuverlässig, da nicht jede Nutzung erfasst wird. In Dänemark zum Beispiel werden 50 Prozent des Wassers in der Landwirtschaft verwendet – EU-weit sind es angeblich 25 Prozent.[110] Bereits heute gibt es in einigen Regionen Deutschlands wegen Wasserknappheit Konflikte zwischen Anwohnerinnen und Anwohnern, Landwirtinnen und Landwirten sowie Wasserbehörden.

Im Extremfall kann übermäßige Bewässerung sogar zu Wüstenbildung führen. Ein bekanntes Beispiel hierfür ist der Aralsee in Zentralasien – einst der viertgrößte Binnensee der Welt.[111] Ab den 1960er-Jahren wurden für den Baumwollanbau große Mengen Wasser aus seinen Zuflüssen entnommen. Das führte zu einem Rückgang des Wasservolumens um 90 Prozent. Die übrig gebliebene Wassermenge war so stark versalzen dass Fische und andere Lebewesen verendeten.

Fleisch und hochverarbeitete Fleischprodukte

Der Konsum von tierischen Produkten (auch Milch und Käse) verursacht mehrere Probleme. Neben dem hohen Flächenverbrauch gehört die Tierhaltung selbst dazu, die als Hauptgrund für die Abholzung der Amazonasgebiete gilt: Die

Flächen werden für den Anbau von Sojabohnen benötigt, die anschließend zu Viehfutter verarbeitet werden, das im Übrigen auch oft nach Deutschland exportiert wird. Die von den Sojabohnen ausgelaugten Böden wiederum werden anschließend zu Weideflächen für die Fleischproduktion umgewandelt.[112]

Des Weiteren stammt ein Großteil der weltweiten Methanemissionen aus der Verdauung von Rindern, in Deutschland macht das mit 27 Millionen Tonnen CO_2e fast die Hälfte der Emissionen aus der Landwirtschaft aus. Im Übrigen hat die Ernährung mit tierischen Produkten nicht nur Auswirkungen auf die Umwelt, sondern auch die menschliche Gesundheit wird durch übermäßigen Fleischkonsum beeinträchtigt: Besonders der Verzehr von verarbeiteten Fleischprodukten – insbesondere Wurst – führt zu einem erhöhten Risiko für Herz- und Krebserkrankungen, Diabetes und Schlaganfälle.[113] Generell sind hochverarbeitete Lebensmittel also nicht nur emissionsintensiv, sondern auch ungesund.[114]

Hunger und Lebensmittelabfälle

Landwirtschaftliche Flächen sind begrenzt und Effizienzsteigerungen nur bis zu einem gewissen Grad möglich, weshalb bei ständig wachsender Bevölkerung immer wieder die Frage im Raum steht, wie zukünftig alle Menschen ernährt werden können. Da die Erträge in der Biolandwirtschaft tendenziell geringer sind, geht der Chemie- und Pharmakonzern Bayer davon aus, dass zur Deckung des Lebensmittelbedarfs rein mit biologischen Produkten 27 Prozent mehr Ackerfläche nötig wären. Durch regenerative Methoden könnte der Unterschied in den Erträgen jedoch fast ausgeglichen werden.[115]

Außerdem landen – wie schon beschrieben – 30 Prozent der Lebensmittel im Müll statt auf unseren Tellern. Würden Verbraucher bewusster einkaufen und Lebensmittelgroßkonzerne eine transparente und ökologische Produktion gewährleisten, wäre die Ernährung der Weltbevölkerung auch mit ökologisch produzierten Lebensmitteln und den heute verfügbaren Flächen gesichert – sogar ohne eine großflächige Umstellung unserer Ernährung. Aber laut FIAN wird Hunger vor allem durch politische Ursachen und fehlenden Zugang zu Nahrung verursacht und kann somit nicht mit rein technischen Maßnahmen (wie Produktivitätssteigerungen) bekämpft werden.[116]

Wo wir hinwollen

Die Agrarwende ist in aller Munde – bei protestierenden Landwirtinnen und Landwirten, Politikerinnen und Politikern sowie NGOs und Verbraucherinnen und Verbrauchern. Fast alle wollen, dass sich etwas ändert.[117] Nur was genau und wie eine gute Zukunft aussehen kann, wird sehr unterschiedlich bewertet. Man kann sogar sagen, dass die Akteurinnen und Akteure weltweit diesbezüglich in zwei Lager gespalten sind.

Präzisionslandwirtschaft mit viel Technik

Ein Teil hofft, durch technischen Fortschritt das System zu erhalten, Emissionen trotz Wachstum zu reduzieren und ausreichend Nahrungsmittel produzieren zu können. Unter dem Stichwort »Climate-Smart Agriculture« werden derzeit viele Lösungen zum reduzierten Einsatz von Pestiziden und Düngemitteln, zu effizienter Wassernutzung sowie zur Reduktion von direkten Emissionen erforscht.

Sehr viel Geld von privaten Unternehmen, öffentliche Forschungsgelder sowie Kredite der Weltbank fließen in die Forschung und Entwicklung von Technologien in der Landwirtschaft. Die Agriculture Innovation Mission for Climate beispielsweise hat vier Milliarden Dollar für Innovationen versprochen, um Emissionen zu reduzieren.[118] Mit dabei sind unter anderem Großkonzerne wie PepsiCo und der weltgrößte Fleischproduzent José Batista Sobrinho Sociedade Anônima (JBS S. A.) sowie der internationale Handelsverband CropLife. Einen Systemwandel kann man von dieser hochkarätigen Besetzung vermutlich nicht erwarten, denn erklärtes Ziel ist auch die Umsatzsteigerung, sogenanntes grünes Wachstum: Um zum Beispiel Methanemissionen aus der Rinderhaltung zu verringern, werden Nahrungsergänzungsmittel entwickelt, die im Rindermagen die Methanproduktion verhindern sollen.

Der Landmaschinenhersteller John Deere sieht zwei Trends, die die Zukunft der Landwirtschaft ausmachen: Elektrifizierung der Maschinen sowie autonome Prozesse ohne menschliches Zutun durch Automatisierung und künstliche Intelligenz. Drohnen und selbstfahrende Traktoren könnten sehr präzise steuern, wo Pestizide oder Düngemittel benötigt werden, und so die benötigten Mengen reduzieren. Die Themen Ökosysteme und Biodiversität auf landwirtschaftlichen Flächen werden in diesem Kontext aber meist ausgeblendet.

Schon gewusst?

Eine Handvoll gesunder Erde enthält mehr Lebewesen, als es Menschen auf der Welt gibt.

Biologisch angebautes Gemüse hat einen circa 20 Prozent kleineren CO_2-Fußabdruck als konventionelles.

Jährlich geht weltweit eine Fläche von rund 14 Millionen Fußballfeldern an fruchtbarer Ackerfläche verloren.

Ackerbau und Tierhaltung verursachten in Deutschland 2021 den Austoß von gut 56 Millionen Tonnen CO_2e. Das sind circa acht Prozent der Gesamtemissionen Deutschlands.

Durch die Industrialisierung der Landwirtschaft können eine Landwirtin oder ein Landwirt in Deutschland heute im Schnitt 142 Menschen ernähren. Nach dem Zweiten Weltkrieg waren es gerade mal zehn Menschen.

Über 800 Millionen Menschen auf der Welt leiden Hunger, gleichzeitig landen circa 30 Prozent der Lebensmittel im Müll. Gäbe es eine richtige Verteilung der Lebensmittel, wäre die Ernährung der gesamten Weltbevölkerung gesichert.

Was ist regenerative Landwirtschaft?

Der Fokus liegt nicht auf den Pflanzen, sondern auf der langfristigen Verbesserung der Bodenqualität und wird durch die unten aufgeführten Maßnahmen erreicht (Hinweis: Es gibt nicht nur eine Vorgehensweise, eine individuelle Ausgestaltung muss jeweils an den Betrieb und die Bedingungen vor Ort angepasst werden).

Direktsaat: Um das Bodenleben nicht zu stören, soll wenig bis gar nicht gepflügt werden. Das verbessert langfristig die Bodenstruktur und die natürliche Bodenfruchtbarkeit, und auch für Lebewesen wird der Boden als Habitat attraktiver. Zudem wird Erosion minimiert.

Permanente Bodenbedeckung und Durchwurzelung: Zur Verbesserung der Wasseraufnahme und -speicherung verbleiben mindestens Ernterückstände als Mulch. Eine Kultur geht dadurch nahtlos in die nächste über.

Förderung der Biodiversität: Durch Mischkultur oder mindestens Zwischenfruchtmischungen und lange Fruchtfolgen werden viele unterschiedliche Pflanzen auf derselben Fläche angebaut, dadurch auch die Insektenvielfalt erhöht.

Integration von Tierhaltung: Wenn Rinder in angemessener Zahl auf Grünflächen weiden, sorgen sie für mehr Kohlenstoffspeicherung im Boden und für vielfältigere Ökosysteme.

Verzicht von künstlichen Produktionsmitteln: All die oben genannten Prinzipien führen dazu, dass Pflanzen widerstandsfähiger sind und deshalb auf viele chemische Produkte verzichtet oder deren Einsatz minimiert werden kann.

Regenerative und solidarische Landwirtschaft

Das andere Lager fordert einen tiefgreifenden Wandel der Nahrungsmittelproduktion und der Ernährungsweise. Die Idee dahinter ist, den Boden mit organischer Substanz anzureichern (siehe »Was ist regenerative Landwirtschaft?«), um dadurch zum einen Wasser länger im Boden speichern zu können und zum anderen gute Erträge zu erzielen. Außerdem sollen Mischkulturen, Hecken und Blühstreifen für eine hohe Biodiversität sorgen, die dann wiederum den Einsatz von Pestiziden mindert, da ein natürliches Gleichgewicht entsteht. Auf kleiner Fläche können so relativ viele Nahrungsmittel angebaut werden, die einen hohen Nährstoffgehalt haben und deshalb sehr gesund sind.

Diese Lebensmittel werden dann im Idealfall produziert und vertrieben und direkt an die Verbraucherinnen und Verbraucher vermarktet. Letztere sollen nicht wie an der Supermarktkasse einen vom Weltmarkt und der Börse abhängigen Preis bezahlen, sondern einen am Anfang des Jahres mit ihren Produzentinnen und Produzenten abgemachten festen Abnahmebetrag – unabhängig davon, wie hoch die Ernte ausfällt oder wie die Preise sich entwickeln. Das liefert den Landwirtinnen und Landwirten Planungssicherheit und ermöglicht ökologischeres Wirtschaften ohne Druck von außen.

Was in der Theorie für manche ideal klingen mag, bedeutet in der Praxis einen kompletten Systemwandel. Denn diese Art der Landwirtschaft erfordert einen höheren Einsatz menschlicher Arbeitskraft mit weniger Maschinen, außerdem eine Abkehr von kurzfristiger Gewinnmaximierung durch hohe Erträge hin zu einer langfristigen Sicherung mittlerer Erträge – aber das auch in Dürre- und Krisenjahren. Dafür ist nicht nur ein Umdenken bei staatlichen Förderungen notwendig, sondern auch in der landwirtschaftlichen Betriebslehre wichtig. Bei Verbraucherinnen und Verbrauchern sind außerdem Kreativität beim Zubereiten der saisonal verfügbaren Nahrungsmittel und der Austausch mit den Produzentinnen und Produzenten gefordert. Ungesunde und energieintensive Fertigprodukte werden vermieden, fleischhaltige Produkte sollten deutlich weniger oft auf dem Teller landen. Unsere Gesellschaft muss dabei nicht komplett auf Fleisch verzichten, den Konsum jedoch auf ein Maß beschränken, das verträglich für Böden und Biodiversität ist.

Einige Expertinnen und Experten sehen diese Zukunftsvision als Idealismus mit Nischendasein an. Welche der beiden Visionen Realität wird, hängt letztendlich stark davon ab, wie sehr sich die Verbraucherinnen und Verbraucher engagieren werden. Es ist daher nicht ausgeschlossen, dass in Zukunft ein größerer Teil der Flächen wieder konventionell, aber mit hochtechnologisierten Maschinen bewirtschaftet wird.[119]

Was wir tun müssen

Was der Staat leisten muss

Kritische Gesellschaftsstimmen, Nichtregierungsorganisationen sowie Wissenschaftlerinnen und Wissenschaftler betonen immer wieder, wie wichtig die Aufrechterhaltung einer kleinbäuerlichen Landwirtschaft ist – sowohl für die Ernährungssicherung als auch den weltweiten Umweltschutz.[120] Traditionelle Anbaumethoden sind meist resilienter gegen Klimaveränderungen und Krisen und funktionieren nachhaltig im Einklang mit den lokalen Ökosystemen. Denn regenerative Herangehensweisen sind nichts Neues, sondern entstehen aus dem Wissen über jahrhundertelang praktizierte Methoden, bevor die industrielle Landwirtschaft das Ruder übernahm. Die deutsche Politik sollte deshalb zum einen die noch vorhandenen klein strukturierten Höfe (vor allem in Bayern und Baden-Württemberg) schützen und fördern. Zum anderen könnte durch gezielte Maßnahmen die Einfuhr von Waren aus kleinbäuerlichen Kooperativen vereinfacht werden, sodass hier Marktvorteile gegenüber Großkonzernen entstehen würden. Staatlich organisierte Entwicklungshilfen müssen die lokalen Märkte und Strukturen stützen und nicht ausschließlich die Interessen von Großkonzernen bedienen.

Die Landwirtschaft in der EU wird mit circa einem Drittel des EU-Haushalts gefördert.[121] Um die Gemeinsame Agrarpolitik (GAP) der EU nachhaltiger zu gestalten, wurde 2022 ein Umbau der Förderstruktur angestoßen. Vielen ist die Säule »Umwelt« in der neuen Struktur aber noch zu wenig ausgeprägt. Deutschland hat in der Umsetzung und Verteilung der Gelder aus dem EU-Haushalt einen gewissen Spielraum und kann Klimaanpassung, Bodenqualität und Wasserverbrauch als Grundlagen für die Verteilung von Subventionen setzen.

Um dem Landgrabbing vorzubeugen sowie Naturschutzvorgaben zu erreichen und kleinen Landwirten den Einstieg beziehungsweise Ausbau zu erleichtern, gibt es beispielsweise in Frankreich bereits einen guten Lösungsansatz: Lokale Organisationen haben ein Vorkaufsrecht und können dadurch steuern, an wen und zu welchem Zweck Land verkauft wird. So werden auch Flächen zum Erhalt des Naturschutzes reserviert. Außerdem gibt es strenge Preisspannen für Ackerland, die der Staat vorgibt.[122] Dadurch hat er strenge Regeln und viele Einflussmöglichkeiten geschaffen, die es Investoren sehr schwer und unattraktiv machen, in Land aus reinem Gewinnstreben zu investieren. Dadurch ist das Problem steigender Bodenpreise in Frankreich geringer als im Rest der EU.[123]

Einer der vielen Flächenkonflikte könnte relativ einfach durch Mehrfachnutzung gelöst werden. Beispielsweise kann man mit Agri-Photovoltaik Ackerflächen überschatten, um sie vor dem Austrocknen zu bewahren und gleichzeitig Energie zu erzeugen.[124] Expertinnen und Experten schätzen, dass man damit die Produktivität auf einigen Flächen um bis zu 90 Prozent erhöhen könnte.[125] Damit das gelingt, müsste der Staat die Voraussetzungen zur Förderung der Doppelnutzung schaffen.

Wie können wir ...

... die Landwirtschaft an unvermeidbare Klimaveränderungen anpassen?

... Lebensmittelabfälle reduzieren?

... Hungersnöte und Wasserknappheit vermeiden?

... unsere (westliche) Ernährungsweise gesünder und nachhaltiger gestalten?

... Bodendegradation aufhalten und gleichzeitig Biodiversität und Nahrungsmittel sicherstellen?

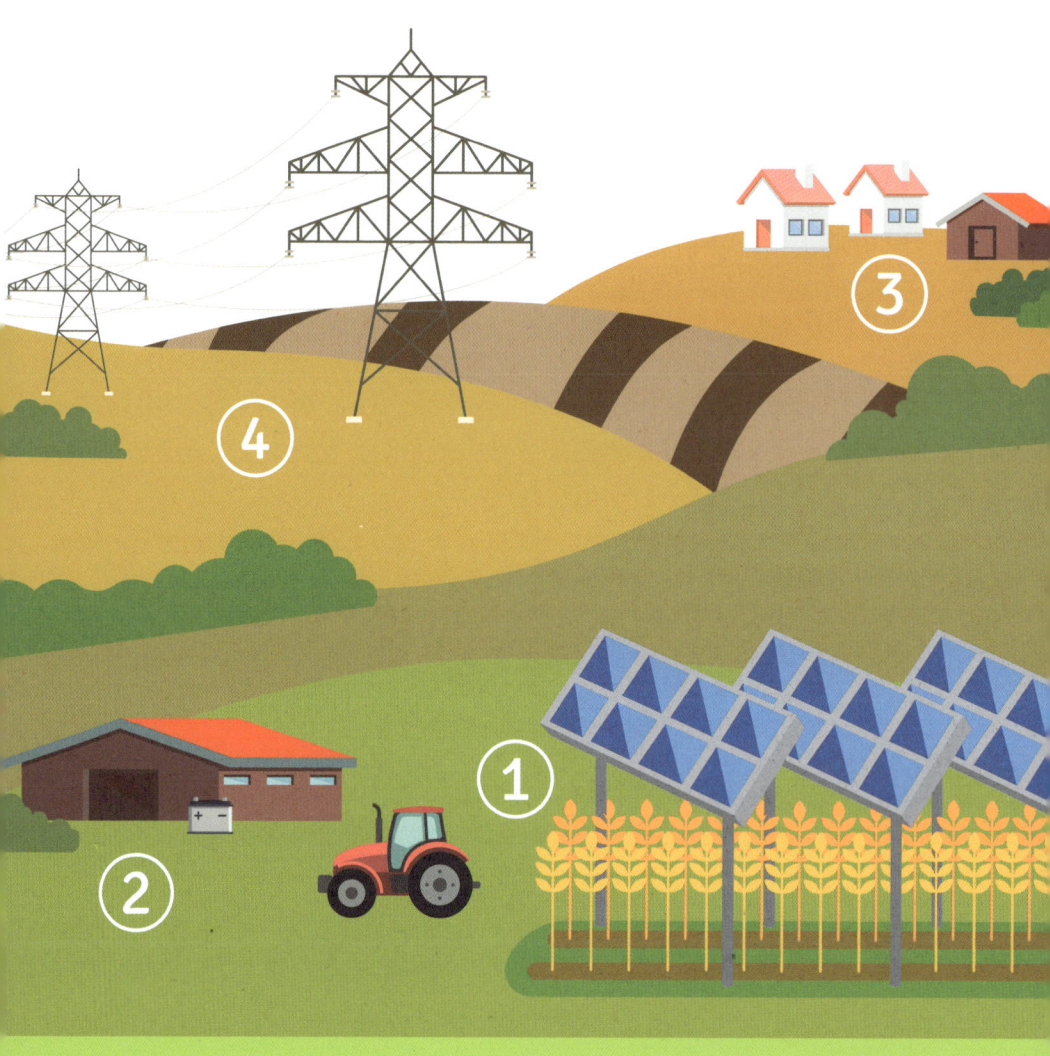

1 Agri-Photovoltaik-Anlagen bringen nicht nur Zusatzeinkommen für Landwirte, durch Abschattung trocknen die Böden nicht aus, und die Feldfrüchte werden besser geschützt.

2 Technischer Eigenverbrauch zukünftig mit Energiespeicher

3 Direktvermarktung an nahe gelegene Wohnsiedlung

4 Energieeinspeisung ins Strom- und Gasnetz

Was Unternehmen tun können

Unternehmen, die entweder in der Landwirtschaft tätig sind oder landwirtschaftliche Produkte kaufen, können die Einhaltung und Durchsetzung anderer Standards (zum Beispiel regenerative Bewirtschaftung) fördern. Vor allem sollte beim Einkauf von Produkten auf die Herkunft beziehungsweise die Art des Anbaus geachtet werden. Zertifizierungen können zwar einen Anhaltspunkt bieten, sind manchmal aber auch irreführend. Deshalb sollte gerade bei großen Abnahmemengen ein direkter Kontakt zu den Erzeugerinnen und Erzeugern gesucht werden.

Regenerativ bewirtschaftete Flächen schneiden in wissenschaftlichen Studien bezüglich Wasserverbrauch, Ertrag, Resilienz und Bodenqualität regelmäßig gut ab. Hier gibt es jedoch noch keine anerkannten Standards oder Zertifizierungen.

Lebensmittel verarbeitende Betriebe könnten ihre Abfälle besser managen. So gibt es die Möglichkeit, landwirtschaftliche Abfälle in Biogasanlagen in Methan – also Biogas – umzuwandeln und dieses durch Zugabe von Methanol im zweiten Schritt zu Biodiesel zu verarbeiten. Wenn größere Mengen Lebensmittelabfälle anfallen, aber noch keine Ideen zum Recycling vorhanden sind, können sich Unternehmen außerdem bei einer von zahlreichen Initiativen registrieren, die die Abfälle Dritten zum Kauf anbieten: So benötigen Start-ups oder andere Unternehmen vielleicht genau das, was andere Firmen wegwerfen.

Insbesondere bei der Außer-Haus-Verpflegung entstehen rund 17 Prozent aller Lebensmittelabfälle in Deutschland.[126] Restaurants und Cateringbetriebe könnten ihre Abfälle aber auch, statt sie in den kommunalen Müll zu entsorgen, einem speziellen Aufbereitungsunternehmen übergeben.

Letztendlich ist aber das Wichtigste, die eigenen Prozesse so umzustrukturieren, dass Abfälle erst gar nicht entstehen. Restaurants und Cateringbetriebe könnten neue Rezepte ausprobieren oder kreieren, die Karottengrün, Radieschenblätter oder andere essbare Pflanzenteile integrieren, die normalerweise weggeworfen werden. Auch wenn Gemüse nicht mehr ganz so frisch ist, können daraus trotzdem noch Soßen oder Fermente gemacht werden, die ganz neue Geschmackserlebnisse ermöglichen. Des Weiteren können ungenutzte Lebensmittel, deren Mindesthaltbarkeitsdatum abgelaufen ist, oft noch verwendet werden. Auf *www.zugutfuerdietonne.de* zum Beispiel gibt es umfangreiche Informationen zu Rezeptideen und auch Best-Practice-Beispielen von Unternehmen und Initiativen, die sich des Themas angenommen haben. Außerdem gibt es Plattformen auf denen sich Unternehmen über nachhaltige Bewirtung austauschen und zertifizieren lassen können.

Wenn in Deutschland alle Lebensmittelabfälle reduziert würden, die durch Verarbeitung und Handel entstehen, könnte man jährlich fast vier Millionen Tonnen CO_2e einsparen. Eine Reduktion der Lebensmittelabfälle hätte auch zur Folge, dass die zum Anbau nötige landwirtschaftliche Fläche um vier Millionen Hektar reduziert werden könnte[127] bzw. dass auf derselben Fläche Nahrungsmittel für mehr Menschen angebaut werden könnten.

Um Wasserkonflikten vorzubeugen und sie zu lösen, wäre eine Umstellung auf Pflanzen denkbar, die weniger Wasser verbrauchen und weniger Treibhausgase emittieren. Für die meisten Regionen der Welt wird ein Rückgang der Getreideproduktion prognostiziert. Sinnvoll wäre daher, sich frühzeitig nach Alternativen umzusehen. Hirse zum Beispiel ist eine sehr genügsame Pflanze, die auch mit Trockenheit gut zurechtkommt.[128] Man könnte Weizen, Reis und Mais zumindest teilweise durch Hirse ersetzen, um gesunde und nachhaltige Nahrungsmittel zu erzeugen.

Nährstoffkreislauf zwischen Produzent und Konsument

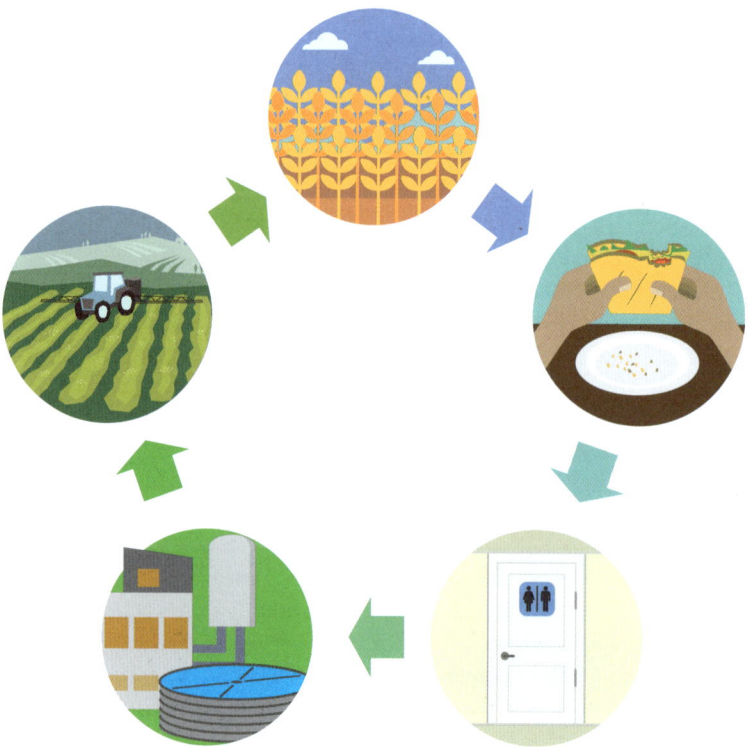

Recyceltes Abwasser, etwa aus Kläranlagen, kann zur Bewässerung in der Landwirtschaft eingesetzt werden.

Eine weitere Möglichkeit, Wasser effizient zu nutzen, wäre das Recycling von Abwasser, also die Nutzung von behandeltem Abwasser (zum Beispiel aus Kläranlagen) zur Bewässerung in der Landwirtschaft.[129] Das hätte gleich mehrere Vorteile: Im Abwasser sind zahlreiche Nährstoffe wie Nitrat und Phosphat enthalten, die für das Pflanzwachstum wichtig sind. So könnte man zum einen Nährstoffkreisläufe ein Stück weit schließen und zum anderen die Ausbeutung unserer Grundwasserressourcen verringern. Durch entsprechende Vorkehrungen und eine Vorreinigung des Abwassers kann sichergestellt werden, dass keine Schadstoffe oder Bakterien auf den Feldern landen und damit Pflanzen zum Verzehr oder zur Weiterverarbeitung geeignet sind.

Was private Haushalte tun können

Ernährung umstellen

Rindfleisch, Milchprodukte und Shrimps (aus Farmen) haben die höchsten Treibhausgasemissionen,[130] wohingegen pflanzliche Nahrungsmittel wie Obst, Gemüse, Getreideprodukte und Hülsenfrüchte weniger Energie, Wasser und Fläche benötigen und dadurch einen geringeren ökologischen Fußabdruck hinterlassen. Besonders für tierische Proteine sollten Alternativen gefunden werden, da Proteine zu einer gesunden Ernährung dazugehören. Tofu und Nüsse wären hier gute Alternativen. Bemerkenswert ist auch, dass durch eine vegane Ernährung die für den Ackerbau benötigte Fläche um 75 Prozent reduziert werden könnte.[131] Eine weitere Alternative wären Insekten, die bei gleichem Proteingehalt nur circa ein Prozent der Emissionen[132] von Fleischprodukten emittieren und so eine Einsparung von circa 340 bis 400 Kilogramm CO_2e pro Person ermöglichen würden. Außerdem würden sie auch weniger Wasser und Flächen benötigen.

Es wird geschätzt, dass weltweit circa drei Milliarden Tonnen CO_2e jährlich nur durch den Transport von Nahrungsmitteln emittiert werden. Importierte Lebensmittel stoßen dabei circa elfmal so viel Treibhausgase aus wie heimische Ware. Würden wir also nur die Lebensmittel importieren, die nicht bei uns wachsen (zum Beispiel Kaffee und Kakao), könnten wir pro Person und Jahr circa 75 Kilogramm CO_2 einsparen. Wenn man jedoch regionale Fleischprodukte durch importierte pflanzliche Produkte ersetzt (also z. B. importierten Tofu), dann hat das normalerweise eine positive Wirkung auf die CO_2-Bilanz.

Eine weitere Möglichkeit, CO_2 einzusparen, ist der Konsum von frischen, unverarbeiteten Lebensmitteln. Neben positiven Auswirkungen auf die Gesundheit hat eine Ernährung mit Selbstzubereitetem auch eine bessere Klimabilanz – sofern hier nicht vermehrt auf Fleischprodukte zurückgegriffen wird.[133] Zum Beispiel verursacht ein (Fertig-)Sandwich im Durchschnitt doppelt so hohe Treibhausgasemissionen wie ein selbstgemachtes Brot mit denselben Zutaten.[134]

Bei biologisch und regenerativ arbeitenden regionalen[135] Betrieben einkaufen

Eine Person nimmt im Jahr durchschnittlich 679 Kilogramm Nahrung zu sich – davon sind ca. 87 Kilogramm Fleisch. Wenn alle Nahrungsmittel biologisch angebaut würden, ergäbe sich daraus ein Einsparpotenzial von circa 490 kg CO_2 pro Person und Jahr. Besonders bei Fleischprodukten sollte genauer hingeschaut werden. Denn biologisch erzeugtes, aber importiertes Fleisch kann einen höheren Fußabdruck mit sich bringen – zum einen durch den Transport, vor allem aber, wenn Waldflächen für das Weideland gerodet werden mussten.

Regenerative Anbaumethoden führen unter anderem zu einer Kohlenstoffspeicherung im Boden und damit zu einer positiven Klimabilanz. Allerdings ist dieser Zusammenhang bei Weitem nicht so gut nachgewiesen wie die positiven Wirkungen auf Wasserqualität, Bodenfruchtbarkeit, Biodiversität und Erosionseindämmung.

Konzepte wie Urban Gardening oder solidarische Landwirtschaft können dafür sorgen, dass unsere Nahrung regionaler produziert wird und negative soziale Folgen – wie eine mögliche Ausbeutung von Erntehelferinnen und Erntehelfern – vermieden werden.[136]

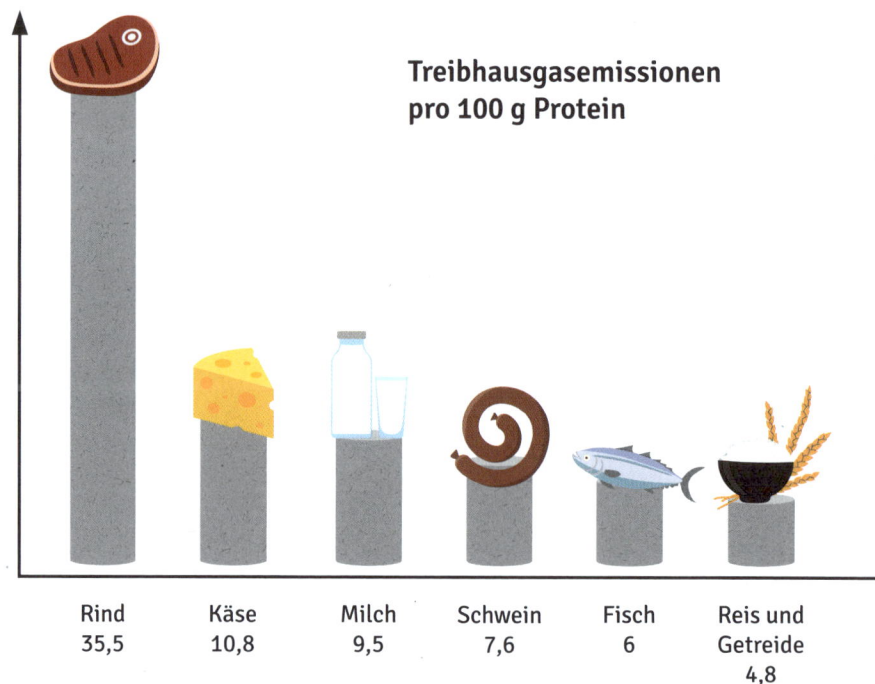

Treibhausgasemissionen pro 100 g Protein

kg CO_2 e/100 g Protein

Rind	Käse	Milch	Schwein	Fisch	Reis und Getreide
35,5	10,8	9,5	7,6	6	4,8

Quelle: https://www.un.org/en/climatechange/science/climate-issues/food

Lebensmittelabfälle vermeiden

Etwa die Hälfte der Lebensmittelabfälle (6,5 Millionen Tonnen) entsteht in privaten Haushalten. Das entspricht etwa 78 Kilogramm pro Kopf im Jahr. Um diese enorme Menge zu reduzieren, sollten wir nur so viel einkaufen, wie wir wirklich essen können. Wer doch einmal zu viel eingekauft hat, kann vorkochen, einfrieren oder einmachen. Wichtig zu wissen ist außerdem, dass das meiste Gemüse vollständig inklusive Stumpf und Stiel verwendet werden kann, sodass Abfälle eigentlich gar nicht entstehen müssten.

Eine weitere gute Möglichkeit, Lebensmittelabfälle zu vermeiden, besteht darin, sich in Foodsharing-Projekten zu engagieren: Um zu verhindern, dass im Lebensmittelgroß- und -einzelhandel übrig gebliebene Lebensmittel auf dem Müll landen, holen sogenannte Lebensmittelretter die Lebensmittel direkt in den Betrieben ab und verteilen sie unter sich oder an bedürftige Menschen.

Eier	Tofu	Brot und Teigwaren	Hülsen-früchte	Nüsse
4,2	2	1,3	0,9	0,3

CO$_2$-Ausstoß durch Ernährung

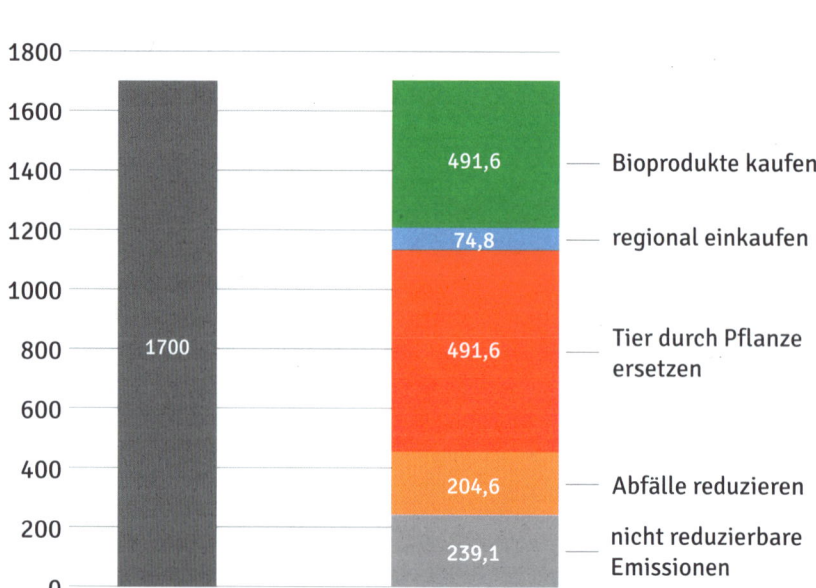

pro Person in kg CO$_2$e   Reduktionsmöglichkeiten

- 491,6 — Bioprodukte kaufen
- 74,8 — regional einkaufen
- 491,6 — Tier durch Pflanze ersetzen
- 204,6 — Abfälle reduzieren
- 239,1 — nicht reduzierbare Emissionen

1700

Quelle: Bloom GmbH 2023

Gleich loslegen!

Tipps für dich und mich

- regionale, saisonale und biologische Produkte kaufen

- die Angebote von Hofläden und Wochenmärkten nutzen

- eigenes Gemüse auf Fensterbank, Balkon oder im Garten anbauen

- Fleischkonsum einschränken und Molkereiprodukte aus Weidehaltung kaufen

- Obst und Gemüse nicht wegen kleiner Schönheitsfehler wegwerfen

- weniger Fertigprodukte kaufen und auf aufwendig verpackte Produkte verzichten

- bei Foodsharing-Initiativen mitmachen

- mengenbewusst einkaufen, um Lebensmittelabfälle zu vermeiden

Tipps für Unternehmen

Klimafreundliche Kantine/ Betriebsküche schaffen:

- nur nachhaltige Lebensmittel anbieten

- regionale und saisonale Lebensmittel beziehen

- weniger Fleisch- und Milchprodukte anbieten

- energieeffiziente Küchengeräte benutzen

Landwirtschaftliche/Lebensmittel verarbeitende Unternehmen:

- Lieferanten und Verbraucherinnen für regenerative Landwirtschaft sensibilisieren

- wo machbar, auf Pflanzen umstellen, die resistent gegen Trockenheit und Klimaeinflüsse sind

- tierische Produkte, wo möglich, ersetzen

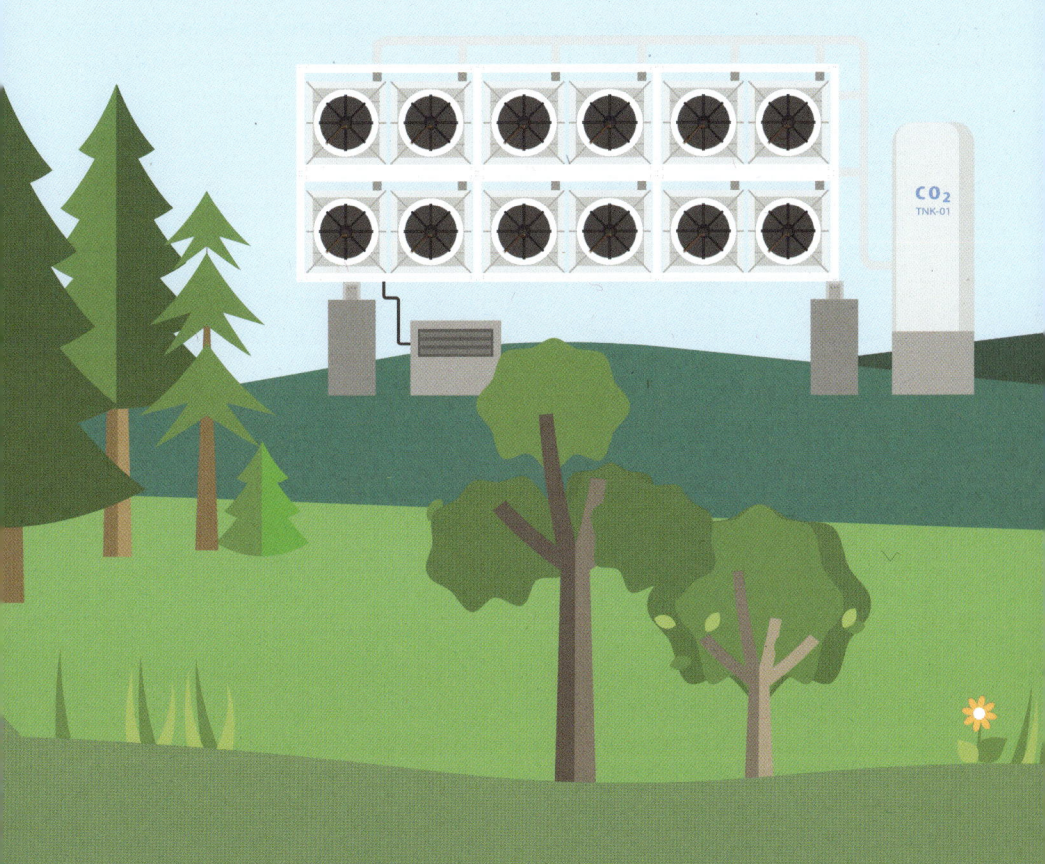

Wo wir stehen

Schon 2020 lag die globale Durchschnittstemperatur 1,1 Grad Celsius über dem vorindustriellen Niveau. Damit ist die beim Pariser Abkommen vereinbarte internationale Obergrenze von 1,5 Grad Celsius Temperaturanstieg fast erreicht. Der letzte Bericht des Weltklimarats von 2021 zeigt aber eindeutig, dass die bisherigen Anstrengungen nicht ausreichen, Emissionen zu reduzieren. Zwar wurden in einigen Bereichen mehrere Milliarden Tonnen CO_2e eingespart, gleichzeitig aber an anderen Stellen mehr emittiert, sodass die Emissionen insgesamt immer noch ansteigen.

Um das Ziel von 1,5 Grad Celsius noch zu schaffen, müsste der Treibhausgasausstoß 2024 sein Maximum erreichen und von da an bis 2030 auf die Hälfte sinken. Das kann nur gelingen, wenn bis 2030 rund 25 Milliarden

Prognosen zur Erwärmung bis 2100

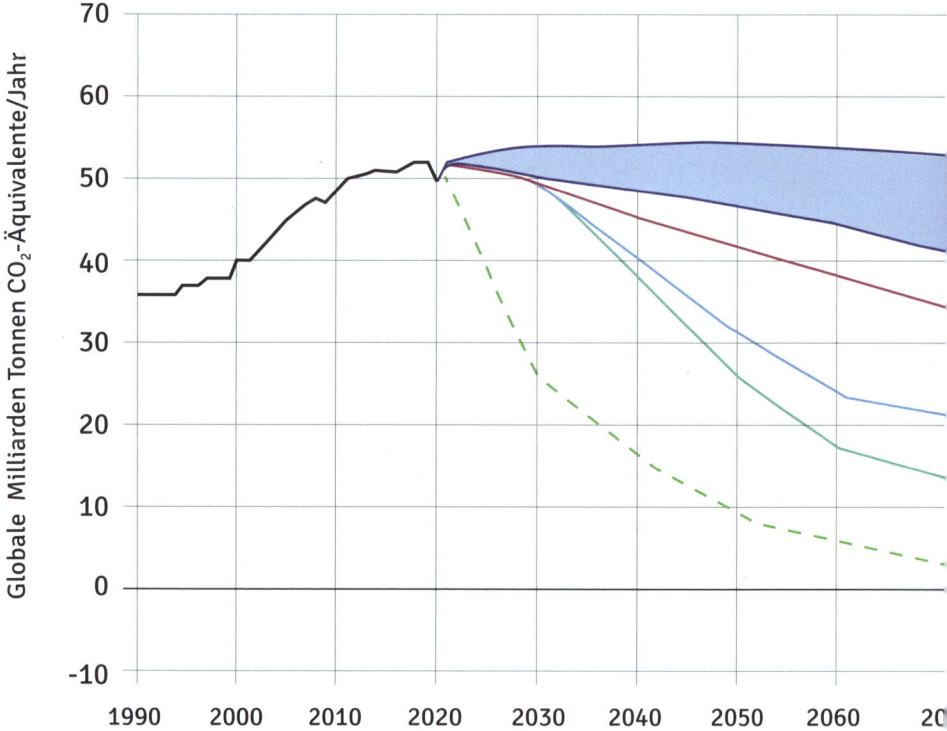

Quelle: https://climateactiontracker.org/global/temperatures

132

Tonnen CO_2-Äquivalente (CO_2e) zusätzlich zu den bislang geplanten eingespart werden. Denn wenn es lediglich bei den bisher geplanten Maßnahmen bleibt, würde es zu einer Erwärmung von 2,7 Grad Celsius bis 2100 kommen – mit dramatischen Folgen für unser Ökosystem.

Die bisherigen Anstrengungen reichen also nicht aus. Es ist äußerst unwahrscheinlich, dass global die CO_2-Konzentration in der Atmosphäre allein durch Emissionsreduktionen im notwendigen Maß sinkt. Wie also kann zusätzlich zu den nötigen Emissionsreduktionen die CO_2-Konzentration in der Atmosphäre weiter gesenkt werden, um zumindest das Ziel von »deutlich unter zwei Grad«[137] aus Paris einzuhalten? Eine zwar begrenzte, aber unverzichtbare Rolle spielen dabei CO_2-Senken.

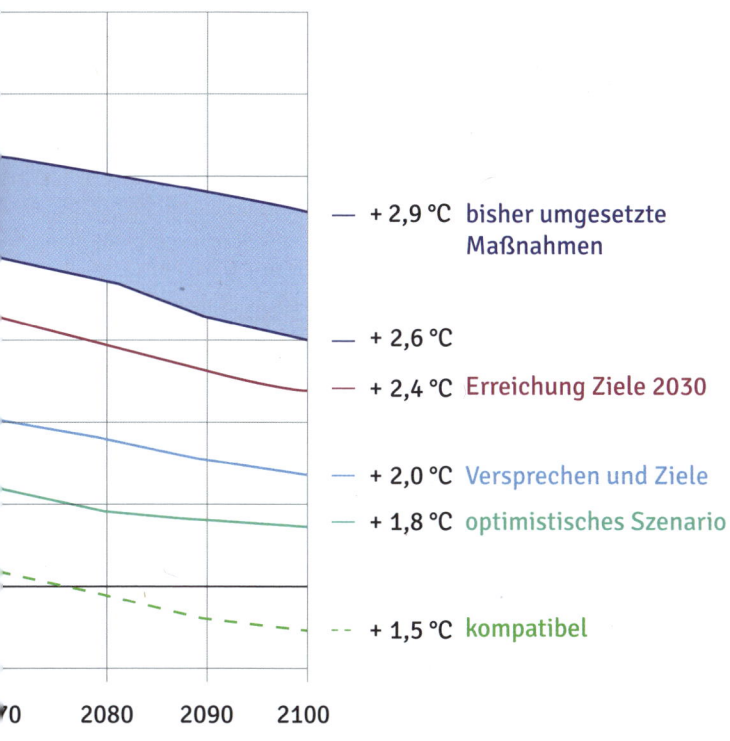

— + 2,9 °C **bisher umgesetzte Maßnahmen**

— + 2,6 °C

— + 2,4 °C **Erreichung Ziele 2030**

— + 2,0 °C **Versprechen und Ziele**

— + 1,8 °C **optimistisches Szenario**

-- + 1,5 °C **kompatibel**

70   2080   2090   2100

Schon gewusst?

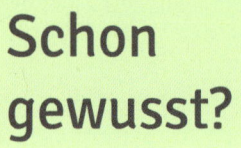

Um die im Pariser Abkommen vereinbarte internationale Obergrenze des Temperaturanstiegs von 1,5 Grad Celsius noch zu erreichen, müssten bis 2030 zusätzlich 23 bis 27 Milliarden Tonnen CO_2-Äquivalente eingespart werden.

Moore können weltweit doppelt so viel CO_2 aufnehmen wie alle Wälder zusammen.

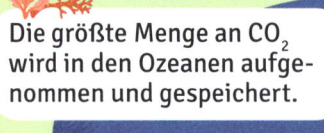

Die größte Menge an CO_2 wird in den Ozeanen aufgenommen und gespeichert.

Circa 507.000 Tonnen CO_2-Äquivalente pro Jahr entfallen in Deutschland auf die gärtnerische Torfnutzung.

CO$_2$-Senken als ergänzende Maßnahme

Deutschland hat sich mit dem Bundes-Klimaschutzgesetz das Ziel gesetzt, bis 2045 kumuliert über alle Jahre nur noch sechs Milliarden Tonnen CO$_2$ zu emittieren. Das bedeutet eine Reduktion der Emissionen um 85 Prozent. Die restlichen 15 Prozent der Emissionen stammen aus Quellen, die äußerst schwierig zu reduzieren sind, wie beispielsweise aus der Landwirtschaft oder bestimmten Industrieprozessen. Das Klimaschutzgesetz sieht deshalb vor, diese Restemissionen mit einem Volumen von 36 bis 63 Millionen Tonnen CO$_2$ wieder aus der Atmosphäre zu entnehmen.[138] Mechanismen oder Prozesse, die dazu beitragen können, sind sogenannte CO$_2$-Senken, manchmal auch als Negativemissionstechnologien bezeichnet.

Natürliche und technische CO$_2$-Senken

Natürliche CO$_2$-Senken werden auch »Natural climate solutions« genannt und umfassen Wälder, Ozeane, Moore und (landwirtschaftliche) Böden, die CO$_2$ durch Photosynthese oder Absorption aus der Atmosphäre aufnehmen und speichern. Außerdem gibt es verschiedene technische Prozesse, um CO$_2$ aus der Atmosphäre zu entnehmen. Viele davon sind jedoch noch in der Anfangs- oder Entwicklungsphase.[139]

Das CO$_2$ wird dabei aus der Atmosphäre oder aus industriellen Quellen wie Abgasen »gefiltert«, um es danach zu speichern. Diese Techniken sind bislang noch sehr teuer und benötigen große Mengen Energie.[140] Außerdem muss eine langfristige Speicherung des »gefilterten« CO$_2$ sichergestellt werden. Ebenso gibt es Mischformen aus technischen und biologischen Prozessen, die im Folgenden aber unter den technischen Maßnahmen vorgestellt werden.

Es gibt durchaus kritische Stimmen, die befürchten, dass die Diskussion um CO$_2$-Senken von dem eigentlichen Ziel ablenkt, Emissionen zu reduzieren.[141] Es bestehe die Gefahr, dass sie als vergleichsweise »einfache« Lösung angesehen würden, wodurch fälschlicherweise die Annahme entstehen könnte, dass keine tiefgreifenden Änderungen in unserem Wirtschaftssystem mehr nötig wären.

Es muss deshalb an dieser Stelle betont werden, dass CO$_2$-Senken nur als ergänzende Maßnahmen zu den größtmöglichen Emissionsreduktionen sinnvoll sind – nur CO$_2$ zu speichern und dabei weiter fossile Rohstoffe zu verbrennen, ist weder wirtschaftlich sinnvoll noch technisch in dem Maßstab und der Geschwindigkeit möglich, wie wir es benötigen. Aber das Potenzial, das natürliche wie auch technologische CO$_2$-Senken zusätzlich gegen die Klimakrise bieten, sollten wir auf alle Fälle nutzen.

Natürliche CO_2-Senken

Wenn nun diese wichtigen Ökosysteme wie Moore, Wälder und Grasland-schaften zerstört oder übermäßig ausgebeutet werden, dann entstehen unwei-gerlich große Mengen CO_2. Diese werden im nationalen Treibhausgasinventar oft als Emissionen des Sektors »Landnutzung, Landnutzungsänderung und Forstwirtschaft« (LULUCF) betrachtet.

Natürliche CO_2-Senken sind funktionierende Ökosysteme, die durch das Wachstum von Pflanzen und den Aufbau von Humus CO_2 aufnehmen und speichern. Sie spielen eine entscheidende Rolle bei der Reduzierung des Treib-hausgaseffekts und dem Kampf gegen den Klimawandel. Die Grafik rechts zeigt, dass oberhalb des Bodens zwar Wälder die größten Speichermöglichkeiten haben, der meiste Teil des weltweit gespeicherten Kohlenstoffs sich jedoch *in* den verschiedenen Böden befindet.

Moore

Eine große Gefahr für Moore besteht beispielsweise darin, dass Entwässerung, Torfabbau und landwirtschaftliche Nutzung Kohlenstoffverlust erzeugen. Drai-nierte organische Böden (also entwässerte Moore) emittieren circa 6,7 Prozent der deutschen Treibhausgase (56 Millionen Tonnen CO_2e).[142] Dabei machen organische Böden in Deutschland lediglich 1,6 bis 1,7 Millionen Hektar aus, das heißt weniger als fünf Prozent der Fläche.[143] Ein Hektar entwässertes Moor stößt genauso viel CO_2 aus wie ein Auto, das viereinhalbmal um die Erde fährt.[144] Die genaue Fläche der in Deutschland ursprünglich vorhandenen Moorböden ist nicht bekannt, denn schon seit dem Mittelalter werden feuchte Standorte trockengelegt und Flüsse umgeleitet – Anhaltspunkte geben die Beschaffen-heit der Böden und auch alte Orts- und Flurnamen, in denen »Moos«, »Au«, »Ried« oder »Filz(en)« vorkommt. Daher ist es umso wichtiger, die restlichen verbliebenen Moorböden zu schützen und so viele Flächen wie möglich wieder zu vernässen.

Moore sind natürliche Ökosysteme, die große Mengen an organischer Substanz und Kohlenstoff speichern. In diesen dauerfeuchten und sumpfartigen Gebieten, die den Übergang zwischen trockenem Boden und Wasser darstellen, wachsen viele Pflanzenarten, wie z. B. Schilf oder Torfmoos. Die Besonderheit ist, dass Zersetzungsprozesse von abgestorbenen Blättern und Pflanzen durch die Bodendurchnässung langsamer ablaufen als das Wachstum der Pflanzen selbst. Zudem verhindern das saure Milieu und die Abwesenheit von Sauerstoff eine Umwandlung des Materials zu CO_2, wodurch Moore Kohlenstoff in ihrem Boden binden. Dieser Prozess der Torfbildung stellt eine wichtige CO_2-Sen-ke dar. Es sind weltweit vermutlich 830 Millionen Tonnen CO_2 in Mooren gebunden, und pro Jahr werden mindestens 125 Millionen[145] Tonnen CO_2 der

Kohlenstoffspeicherung in den Ökosystemen der Erde

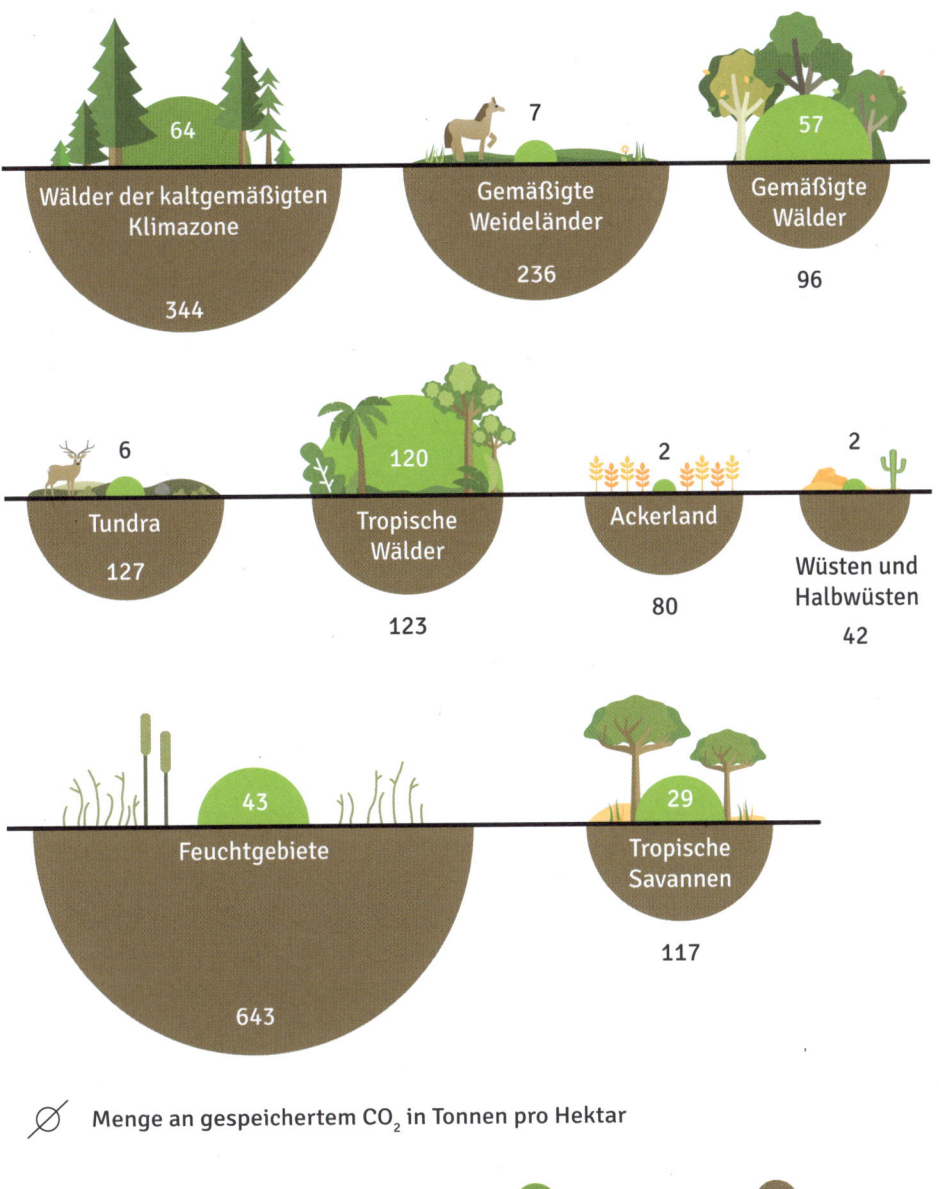

Wälder der kaltgemäßigten Klimazone
64
344

Gemäßigte Weideländer
7
236

Gemäßigte Wälder
57
96

Tundra
6
127

Tropische Wälder
120
123

Ackerland
2
80

Wüsten und Halbwüsten
2
42

Feuchtgebiete
43
643

Tropische Savannen
29
117

⌀ Menge an gespeichertem CO_2 in Tonnen pro Hektar

... Vegetation   ... Boden

Quelle: https://www.visualcapitalist.com/sp/visualizing-carbon-storage-in-earths-ecosystems

Atmosphäre entzogen.[146] In Deutschland speichern Moore circa genauso viel CO_2 wie Wälder, obwohl sie eine viel kleinere Fläche ausmachen.

Moore haben (pro Hektar) zwar die größte Kapazität, CO_2 aufzunehmen, bergen aber auch das größte Risiko, dass das CO_2 wieder an die Atmosphäre abgegeben wird. Denn der teilweise seit Jahrhunderten gespeicherte Kohlenstoff ist weltweit durch Trockenlegung und Torfabbau stark gefährdet.

Neben der hohen Kohlenstoffbindungskapazität bieten Moore noch weitere Ökosystemdienstleistungen: die Verbesserung der Wasserqualität und -speicherung sowie Hochwasserschutz, Lebensraum für viele Arten und Regulierung des Nährstoffhaushalts.

Wälder

Durch die Photosynthese nehmen Bäume CO_2 aus der Atmosphäre auf und speichern es in ihrer Biomasse. Dieser Prozess wird als Kohlenstoffbindung bezeichnet. Durch die Abholzung – vor allem für die Expansion der industriellen Landwirtschaft – sind schon viele Wälder verloren gegangen. Global könnten aber ein bis zwei Billionen Bäume wieder aufgeforstet werden.[147] Wälder entziehen der Atmosphäre circa 15,6 Milliarden Tonnen CO_2 pro Jahr, das entspricht circa 40 Prozent der weltweiten Emissionen.[148] Ein weiterer Vorteil von Wäldern sind – neben ihrer hohen Kapazität zur Kohlenstoffbindung – auch der natürliche Lebensraum, den sie bieten, und die damit verbundenen positiven Auswirkungen auf die Artenvielfalt. Zudem verhindern Wälder Wasser-, Wind- und Bodenerosionen sowie Erosion und Desertifikation, weil sie für mehr Wasserspeicherung sorgen und eine Verbesserung der Grundwasserqualität bewirken. Aufforstung kann auch sozioökonomische Vorteile für lokale Gemeinschaften bringen, indem sie neue Arbeitsplätze schafft, den Tourismus fördert und einen nachhaltigen Ressourcenzugang ermöglicht.[149] Aufforstung ist damit ein zentraler Faktor für die Klimaanpassung und Emissionsreduktion sowie den Naturschutz.

Aufforstung wird zunichtegemacht, wenn der Wald in kürzester Zeit wieder gerodet und der gespeicherte Kohlenstoff dadurch freigesetzt wird. Auch durch Waldbrände kann in kürzester Zeit das gesamte CO_2 wieder in die Atmosphäre gelangen. Und es braucht Zeit, bis Bäume wachsen und ihre volle Absorptionskapazität erreichen. Darüber hinaus kann die Verfügbarkeit von ausreichenden Flächen für Aufforstungs- oder (Wieder-)Aufforstungsprojekte eine Herausforderung sein, insbesondere in dicht besiedelten Gebieten. Dementsprechend ist es zwar aus vielen Gründen sehr wichtig, Wälder als Lebensraum zu erhalten und zu regenerieren, jedoch sollte der Fokus aber nicht allein auf ihnen liegen.

Graslandschaften und Savannen

Graslandschaften und Savannen machen circa 20 Prozent der Landfläche der Erde aus[150] und haben ebenfalls eine wichtige Funktion als natürliche CO_2-Senken.

Da aber lange nur Wälder als CO_2-Speicher bekannt waren, wurden – »um dem Klima etwas Gutes zu tun« – teils Graslandschaften aufgeforstet – und dabei auch noch Arten kultiviert, die in der jeweiligen Region nicht heimisch sind. Das schadete dem Klima und den Ökosystemen sogar eher, als dass es ihnen nutzte. Erst in den letzten Jahren ist die wichtige Rolle der Graslandschaften als Ökosysteme erkannt worden. In Savannen und Grasflächen werden Schätzungen zufolge circa 500 Millionen Tonnen CO_2 pro Jahr gespeichert.

Schlimmer als Verbrenner

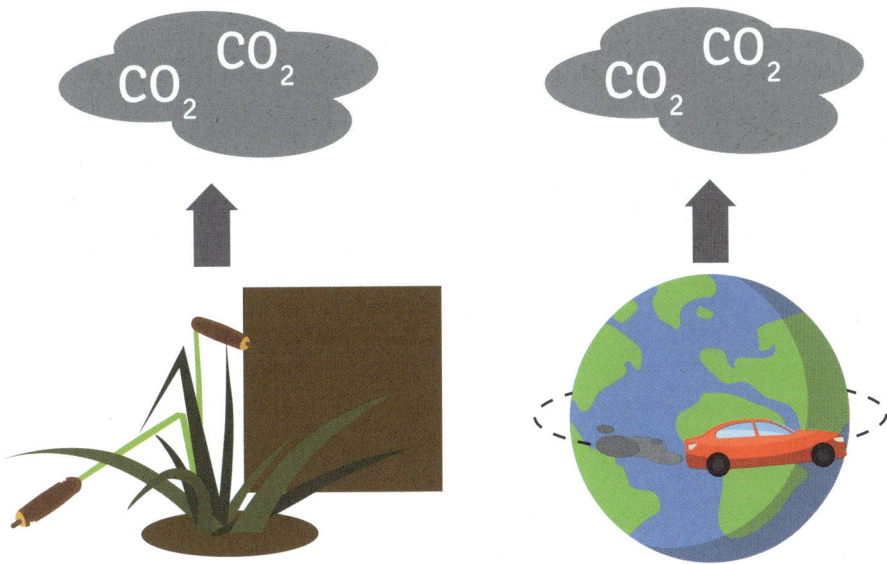

1 Hektar trockengelegtes Moor = 4,5 Erdumrundungen mit dem Auto

Jährliche Emission aus bewässertem Moorboden im Verhältnis zum Verbrauch eines Verbrennermotors.

Quelle: https://www.boell.de/de/2023/01/10/trockengelegte-moore-so-viele-emissionen-wie-der-gesamte-deutsche-flugverkehr. Zuletzt Zugriff am 14.08.2023Ozeane

Ozean

Die größte Menge an CO_2 wird in den Ozeanen aufgenommen und gespeichert. Dort befindet sich (bezogen auf die vorindustrielle Zeit) rund 16-mal mehr Kohlenstoff als an Land und im Boden sowie rund 60-mal mehr als in der Atmosphäre. Durch chemische Reaktionen mit dem Wasser bildet sich Kohlensäure, die als Karbonat auf den Meeresboden sinkt.[151] Dieser Prozess, bekannt als karbonatische Mineralisierung, spielt eine entscheidende Rolle bei der CO_2-Speicherung. Aktuell gehen pro Jahr etwa 1,4 Milliarden Tonnen CO_2 in den Ozean über. Die Aufnahme von Kohlenstoffdioxid verändert aber den pH-Wert der Meere und führt deshalb zu einer Versauerung, was wiederum negative Folgen für viele Meerestiere und Pflanzen hat.[152]

Bei der sogenannten Ozeandüngung werden Nährstoffe wie Eisen in bestimmten Gebieten des Ozeans ausgebracht, um das Wachstum von Phytoplankton zu fördern. Phytoplankton nimmt CO_2 aus der Atmosphäre auf und speichert es im Ozean. Je nach Quelle wird eine Kapazität von 15 Prozent unserer menschlichen Emissionen angegeben.[153] Ein großflächiger Einsatz ist aber stark umstritten, und bereits seit Jahren wird zu den möglichen Folgen geforscht.[154]

CO_2-Senken in der Landwirtschaft

Auf bestehenden landwirtschaftlichen Flächen kann über verschiedene Methoden CO_2 gespeichert werden, zum Beispiel über den Aufbau von Humus im Boden mittels regenerativer Bewirtschaftung. In den weltweiten Böden ist drei- bis viermal so viel CO_2 gespeichert wie in unserer Atmosphäre vorhanden. Die internationale Initiative »4 per 1000« hat 2015 in Paris dazu aufgerufen, den Kohlenstoffgehalt in Böden jährlich um 0,4 Prozent zu erhöhen. Das klingt nicht nach besonders viel, würde aber tatsächlich 30 bis 40 Prozent der globalen fossilen Emissionen, die pro Jahr ausgestoßen werden, ausgleichen – eine sehr gute und wichtige Idee, die aber nicht in allen Regionen der Welt realisierbar ist,[155] deshalb sinkt der Humusgehalt in konventionell bewirtschafteten Flächen derzeit eher.

In einer Studie[156] wurde modelliert, dass Bayern in seinen Böden jährlich circa 1,5 Prozent seiner Emissionen durch regenerative Bewirtschaftung speichern könnte. Uneins ist sich die Wissenschaft aber bei der Frage, wie viel CO_2 tatsächlich langfristig gespeichert werden kann. Mittlerweile lassen die meisten Studien Zweifel aufkommen, ob die Maßnahmen tatsächlich einen großen Effekt für das Klima haben können, weshalb Kritik an der »4 per 1000«-Initiative lauter wird.

Ohne Frage ist es aber trotzdem sehr wichtig, Böden zu regenerieren, um für Ernährungssicherheit zu sorgen. Zur Lösung der Emissionsfrage ist allerdings noch etwas anderes nötig. Es gibt zwei weitere vielversprechende Maßnahmen, die Landwirtinnen und Landwirte anwenden können: Erstens könnte durch die Zugabe von gemahlenen Mineralien CO_2 mit der Zeit aufgenommen und an das Gestein angelagert werden.[157] Diese passive Maßnahme braucht keine Energie und könnte einfach hochskaliert werden. Bislang wurden keine schädlichen Nebenwirkungen entdeckt – im Gegenteil: Sogar das Pflanzenwachstum wird erhöht, da die Mineralien den pH-Wert des Bodens verbessern.[158] Eine großflächige Anwendung ist bisher aber nicht bekannt.

Zweitens könnte Pflanzenkohle – hergestellt aus Pflanzenresten – den Böden zugegeben werden. Pflanzenkohle wird aus Pflanzenresten hergestellt. Der Prozess der Verbrennung unter Sauerstoffabschluss nennt sich Pyrolyse und führt dazu, dass sich sehr stabile kohlenstoffhaltige Moleküle mit vielen Poren und einer sehr großen Oberfläche bilden. Dadurch hat die Pflanzenkohle die Eigenschaft, Wasser und Nährstoffe anzulagern und zu speichern, was zu einer Verbesserung der Bodenqualität führt – vor allem in sandigen Böden. Außerdem wird die Pflanzenkohle über viele Jahre im Boden gespeichert und kann so effektiv zu einer CO_2-Senke werden. Allein mit der Nutzung von Abfallprodukten der Landwirtschaft zur Produktion von Pflanzenkohle könnten zwei Prozent der derzeitigen fossilen Emissionen ausgeglichen werden.[159]

Bei der Reduzierung des Treibhausgaseffekts und dem Kampf gegen den Klimawandel spielen natürliche CO_2-Senken insgesamt eine ergänzende Rolle. Wälder, Ozeane, Graslandschaften, Böden und Moore sind wichtige natürliche CO_2-Senken, die zudem nebenbei noch viele andere positive Dienstleistungen für uns Menschen bereitstellen. Durch den Schutz und die Erhaltung dieser Ökosysteme können wir zur Verringerung des atmosphärischen CO_2-Gehalts beitragen und gleichzeitig die Auswirkungen des Klimawandels mildern.

Technische CO_2-Senken

Carbon Capture and Storage

Kohlenstoffabscheidung und -speicherung ist ein Prozess, bei dem CO_2 aus industriellen Quellen wie Kraftwerken oder Fabriken abgeschieden und anschließend in unterirdischen geologischen Formationen gespeichert wird.[160] Die theoretische Kapazität weltweit wird auf circa 1000 Milliarden Tonnen CO_2 geschätzt, was mehr ist, als benötigt wird, um das Temperaturziel von 1,5 Grad Celsius bis 2100 zu erreichen.

Technologien, die nach der Verbrennung fossiler Energieträger eingesetzt werden, sind keine echte »Entnahme«, sondern stellen mehr eine Emissionsreduktion dar – denn ohne den Menschen wäre das eingefangene CO_2 gar nicht erst entstanden. Nur wenn das CO_2 zuvor aus der Atmosphäre aufgenommen wurde und dann abgefangen und gespeichert wird, kann man von einer echten »Senke« sprechen.

Bioenergy with Carbon Capture and Storage (BECCS)

BECCS kombiniert die Nutzung von Biomasse zur Energieerzeugung mit der Abscheidung und Speicherung von CO_2. Bei der Verbrennung von Biomasse wird CO_2 freigesetzt, das Pflanzen zuvor durch Photosynthese aus der Atmosphäre aufgenommen haben und das dann abgeschieden und gespeichert wurde. Hierbei wird tatsächlich die CO_2-Konzentration in der Atmosphäre gesenkt und auf den Einsatz von fossilen Energien verzichtet. BECCS könnte jährlich mehrere Gigatonnen CO_2 einsparen, die realen Möglichkeiten jedoch hängen von der Verbreitung und Nutzung biogener Energieträger ab. Verschiedene Studien errechnen im Mittel für BECCS ein Potenzial zur CO_2-Entfernung in Deutschland von circa 20 Millionen Tonnen CO_2e pro Jahr.

Ein großer Nachteil ist die große Konkurrenz um Flächen zwischen Energieerzeugung auf der einen und Lebensmittelerzeugung auf der anderen Seite. Die Nutzung von Biomasse für Energiezwecke kann zwar auch zusätzliche Vorteile wie ländliche Entwicklung und Einkommensmöglichkeiten für Land- und Forstwirtinnen und -wirte bringen. Wenn aber Biomasse in großen Mengen benötigt und nicht nachhaltig produziert wird, könnte dies zu Umweltauswirkungen wie Entwaldung und Verlust der Artenvielfalt führen – was dann im Umkehrschluss wieder zu mehr Emissionen führt. BECCS ist also eine wichtige Technologie, die aber für einen positiven Effekt mit Vorsicht und Bedacht eingesetzt werden muss.

Die derzeit am häufigsten genutzte BECCS-Technik ist die Erzeugung von Bioethanol. Bei der Verbrennung dieses Energieträgers entsteht ein sehr reines CO_2, das vergleichsweise einfach wieder abgefangen werden kann, um es anschließend unterirdisch zu speichern. Die Entfernung einer Tonne CO_2 kostet dabei circa 60 Euro.[161]

Direct Air Capture

Eine weitere Technik ist die Direkte Luftabscheidung (Direct Air Capture – DAC). Darunter werden Technologien verstanden, die CO_2 direkt aus der Atmosphäre entnehmen. Dabei werden spezielle Filter oder Chemikalien genutzt, die CO_2 binden und speichern, um es dann zur Weiterverwendung bereitzustellen. Die jährliche CO_2-Einsparung durch DAC hängt von der Skalierung der Technologie ab, könnte aber potenziell mehrere Millionen Tonnen erreichen. Ein Vorteil von DAC ist, dass es nicht nur an Punktquellen, sondern überall eingesetzt werden kann: so zum Beispiel auch in Städten, um die Abgase von Kraftfahrzeugen wieder einzufangen. Leider ist DAC aber viel weniger effektiv und verursacht höhere Kosten[162] als CCS oder BECCS, da die Konzentration von CO_2 in der Atmosphäre viel geringer ist als an industriellen Punktquellen. Außerdem muss unbedingt darauf geachtet werden, dass die nötige Energie aus erneuerbaren Quellen stammt. Einige sinnvolle Anwendungsgebiete für diese Technologie gäbe es aber durchaus: beispielsweise in Indooranlagen, wo in Kombination mit Lüftungssystemen die Luftqualität verbessert und Energieverbräuche für diese Systeme reduziert werden könnten.

Was tun mit dem eingefangenen CO_2?

Die Technologie der CO_2-Abscheidung kann mit einer anschließenden Speicherung in Gestein kombiniert werden. Die regionale Verfügbarkeit geeigneter Lagerstätten ist hier der limitierende Faktor. In Deutschland werden vor allem erschöpfte Erdgaslagerstätten ins Visier genommen, da diese ideale Bedingungen aufweisen. Der verfügbare Speicherplatz in Deutschland wird auf 2,75 Milliarden Tonnen CO_2 beziffert. Außerdem werden salzhaltige Grundwasserleiter in Betracht gezogen, die nicht zur Trinkwassernutzung geeignet sind. Hier wäre eine Kapazität von sechs bis 13 Milliarden Tonnen CO_2 vorhanden. Insgesamt betragen die CO_2-Emissionen großer deutscher Industriestandorte (bei denen eine Abscheidung sinnvoll sein könnte) circa 0,375 Milliarden Tonnen pro Jahr. Man könnte also die direkten Industrieemissionen für mindestens 30 Jahre abfangen und regional speichern – wenn insgesamt Emissionen reduziert würden, sogar noch viel länger.[163]

Eine andere Option wäre, das »eingefangene« CO_2 langfristig durch Speicherung in Produkten zu binden. Die Möglichkeiten sind jedoch begrenzt, da die meisten von Menschen genutzten Produkte einen relativ kurzen Lebenszyklus haben und somit das gespeicherte CO_2 relativ schnell wieder frei wird und zurück in die Atmosphäre gelangt. Das größte Potenzial steckt vermutlich in der Speicherung in Baumaterialien, da Gebäude in der Regel eine Lebensdauer von circa 50 Jahren haben. Durch eine chemische Reaktion mit bestimmten Mineralien kann CO_2 mineralisiert und zu einem stabilen Gestein gemacht werden. Die Karbonate werden vor allem genutzt, um Zuschlagstoffe in der Bauindustrie herzustellen.[164] Es gibt bereits CO_2-basierte Baustoffe auf dem Markt. So könnten zum einen der Zementverbrauch reduziert und zum anderen ohne weitere Kosten die Emissionen je Tonne Zement bis zu 33 Prozent gesenkt werden. 2021 wurden in Deutschland 29,1 Millionen Tonnen Zement[165] verbraucht und damit circa 17,5 Millionen Tonnen CO_2 ausgestoßen. Bei 33 Prozent Reduktion könnten somit 5,7 Millionen Tonnen CO_2 jährlich eingespart werden – sofern genug CO_2 zur Mineralisierung bereitsteht.[166]

Eine dritte Möglichkeit wäre die Nutzung des CO_2 in industriellen Anwendungen oder kurzlebigen Produkten, die heute auf den Einsatz von fossilem CO_2 angewiesen sind. Das ist allerdings eigentlich keine CO_2-Senke, sondern vermeidet nur Emissionen, die ansonsten entstanden wären – da fossiles CO_2 durch atmosphärisches CO_2 ersetzt wird.

CO_2
TNK-01

Es ist wichtig anzumerken, dass die genauen CO_2-Einsparungen dieser Technologien von verschiedenen Faktoren abhängen, einschließlich der Skalierung, der Verfügbarkeit von Ressourcen und der Umsetzung von politischen Maßnahmen. Die genannten Zahlen dienen nur als grobe Schätzungen und können je nach Umständen variieren. Dennoch haben diese technischen CO_2-Senken das Potenzial, erhebliche Mengen an CO_2 einzusparen und zur Lösung der Klimakrise beizutragen.

Die weitere Möglichkeit, abgeschiedenes CO_2 in den Ozeanen zu speichern, wird derzeit erforscht. Da aber, wie bereits ausgeführt, die Effekte auf die Ozeane entweder noch ungewiss sind oder als negativ betrachtet werden, konnte hier noch keine sofort umsetzbare Lösung gefunden werden.[167]

Was wir tun müssen

Der Weltklimaratbericht merkt zwar an, dass natürliche und technische CO_2-Senken einen wichtigen Beitrag zur Erreichung der Klimaziele leisten können. Gleichzeitig existieren aber relativ große Risiken für die Lebensgrundlage ländlicher Gemeinden und indigener Bevölkerungen zum Beispiel durch Flächennutzungskonflikte. Deshalb sei hier nochmals darauf hingewiesen, dass die Reduktion der Emissionen immer noch die bessere, sicherere und günstigere Methode ist und deshalb die nachträgliche Entfernung von CO_2 aus der Atmosphäre nur als Ergänzung sinnvoll wäre.[168]

Was der Staat leisten muss

In Deutschland gibt es bereits seit 2012 das Kohlendioxid-Speicherungsgesetz (KSpG), das sehr strenge Anforderungen stellt und nur eine begrenzte Menge für die Forschung zulässt. Seit 2017 dürfen aber keine neuen Anlagen mehr zur Genehmigung eingereicht werden.[169, 170] Für einen großflächigen Einsatz der Technologie fehlt bisher also die rechtliche Basis, jedoch wird dazu schon über eine neue Strategie beraten. Vor allem auch, da EU-weit über einen neuen »Net-Zero Industry Act« verhandelt wird, der Carbon Capture and Storage sowie Carbon Capture and Utilization (die Abscheidung, der Transport und die anschließende Nutzung von Kohlenstoff) mitbehandelt. Der derzeitige Vorschlag beinhaltet im europäischen Wirtschaftsraum bis 2030 eine Speicherkapazität von 80 Millionen Tonnen pro Jahr.[171]

Für die Erforschung und Freigabe geeigneter geologischer Lagerstätten müssen zum einen der gesetzliche Rahmen geschaffen und zum anderen die gesellschaftliche Akzeptanz erhöht werden. Derzeit sind die Deutschen sehr skeptisch, was solche Lösungen betrifft. Doch sichere und vor allem schnell hochskalierbare Technologien sind dringend notwendig, um die Klimakrise zu mindern.

Um die Kosten für diese Technologien zu verteilen, könnte die Entfernung von CO_2 aus der Atmosphäre[172] in die CO_2-Steuer miteingepreist werden. Das würde den Preis für eine Tonne CO_2 steigen lassen, wäre aber eine faire Option, weil dadurch die Emittenten auch für das »Aufräumen des generierten Abfalls« aufkommen müssten.

Was Unternehmen tun können

Obwohl die Abscheidung von CO_2 bei der Entstehung nicht direkt als CO_2-Senke bezeichnet werden kann, sondern eher als Reduktion direkt an der Quelle, werden nachstehend die wichtigsten Branchen kurz zusammengefasst, die durch technische Maßnahmen ihre Emissionen stark mindern können. Da diese Technologien bislang noch relativ teuer sind, sollten andere Unternehmen, die Produkte zum Beispiel aus dem Stahl- oder Chemiesektor einkaufen, die Kosten mittragen, um echte CO_2-reduzierte Produkte weiterzuverarbeiten.[173]

Bei der Energieerzeugung in der Stahl-, Glas-, Zement- und Chemieindustrie könnten die oben beschriebenen technischen CO_2-Senken direkt eingesetzt werden. Außerdem könnte abgeschiedenes CO_2 anstelle von fossilem CO_2 in Produkten genutzt werden.

Die Getränkeindustrie nutzt Millionen Tonnen fossiles CO_2, um es den Flaschen von Softdrinks und Mineralwasser für den Sprudeleffekt zuzuführen. Bei diesen Produkten könnte es durch CO_2 aus biogenen Quellen oder Direct Air Capture ersetzt werden und damit fossiles CO_2 eingespart werden. Belastbare Zahlen sind hierzu aber (noch) nicht verfügbar. Da diese Unternehmen CO_2 in vergleichsweise kleinen Einheiten kaufen, ist der Preis für das Direct-Air-Capture-CO_2 trotzdem konkurrenzfähig. Wenn man es aber genau nimmt, kann man hier nicht von einer CO_2- Senke sprechen, da das eingefangene CO_2 beim Öffnen der Flaschen wieder emittiert würde. Aber eine Reduktion würde es allemal darstellen.[174]

Der Landwirtschaftssektor kann selbstverständlich durch den Einsatz von kohlenstoffarmen Anbaumethoden und die Verbesserung der Bodengesundheit zur CO_2-Minderung beitragen.

Es gibt noch viele weitere Branchen, die von technischen CO_2-Senken profitieren könnten. Die konkrete Umsetzung hängt jedoch von den spezifischen Prozessen und Bedingungen in jeder Branche ab.

Was private Haushalte tun können

Menschen in ihrem privaten Umfeld können vor allem dafür sorgen, dass CO_2-speichernde Lebensräume geschützt werden. Ein wichtiges Thema ist hier die Gartenerde: Oft enthält die handelsübliche Blumenerde Torf, und der wird in den Mooren abgebaut. Bei seiner Nutzung wird der ganze Kohlenstoff, der über Jahrhunderte in Mooren gespeichert wurde, wieder freigesetzt.[175] Durch die Abbauprozesse in den Töpfen kommt es in den Folgejahren zu einem hohen CO_2-Ausstoß.[176] Circa 6,5 Prozent der Gesamtemissionen aus Mooren beziehungsweise aus der Torfnutzung entfallen in Deutschland auf den gärtnerischen Verbrauch – das sind 507.000 Tonnen CO_2e pro Jahr.[177] In manchen Teilen der Welt ist der Abbau von Mooren bereits verboten, und in Deutschland wird zumindest darüber diskutiert.[178] Bis jedoch ein endgültiges Verbot in Kraft tritt, können wir alle selbst darauf achten, nur solche Blumenerde zu kaufen, die keinen Torf enthält, sondern organische Ersatzstoffe wie zum Beispiel Holzfasern, Kompost oder auch Mischungen aus verschiedenen Mineralien und organischen Substraten. Dadurch können je Kilogramm torffreie Erde circa 1,9 Kilogramm CO_2e eingespart werden.[179]

Privatpersonen können außerdem Bäume pflanzen oder an Aufforstungsprojekten teilnehmen sowie durch Spenden oder ehrenamtliche Arbeit Organisationen unterstützen, die sich für den Schutz von Naturlandschaften und Ökosystemen einsetzen. Der Konsum von Produkten gerade aus illegaler Abholzung, wie Palmöl, Soja und Holz, sollte reduziert werden, um die Entwaldung zu verringern.

Wer Geld an der Börse investieren möchte, kann durch die Unterstützung von grünen Projekten zum einen eine gute Anlage erwerben und zur Bekämpfung des Klimawandels beitragen.

Gleich loslegen!

Tipps für dich und mich

- nur torffreie Gartenerde kaufen

- Bäume pflanzen oder an Aufforstungsprojekten teilnehmen

- mit Spenden oder ehrenamtlicher Arbeit Organisationen unterstützen, die sich für den Schutz von Naturlandschaften und Ökosystemen einsetzen

- bei Produkten, die mit dem Risiko illegaler Abholzung verbunden sind, auf Zertifizierungen achten (z. B. FSC- oder PEFC-Label)

- in »grüne« Geldanlagen investieren

Tipps für Unternehmen

- in Aufforstungs- oder Moorschutzprojekte investieren (am besten regional)

- einen Beitrag zur Finanzierung von Anlagen zur technischen CO_2-Speicherung (»Carbon Capture and Storage«) leisten

- die Lieferkette systematisch auf Entwaldungsrisiken hin untersuchen und gegebenenfalls Lieferanten wechseln

- Getränkeindustrie: CO_2 aus biogenen Quellen oder Direct Air Capture zuführen

- Landwirtschaft: kohlenstoffarme Anbaumethoden und Maßnahmen zur Verbesserung der Bodengesundheit anwenden

Fazit und Danksagung

»Es gibt viel zu tun. Packen wir's an!« Dass wir unser Fazit von *Klimakurve kriegen* ausgerechnet mit einem Zitat eines Ölkonzerns aus den 1980er-Jahren einleiten würden, hätten wir uns nicht träumen lassen. Aber das Zitat bringt genau das auf den Punkt, wozu wir mit diesem Buch motivieren möchten: Die »Anpackhebel« sind alle da, wir müssen nur noch zugreifen und loslegen.

Wir hoffen sehr, Ihnen in den vorangegangenen Kapiteln genügend Orientierung und Entscheidungshilfe gegeben zu haben, wie und in welchen Bereichen Sie ganz persönlich am wirksamsten für eine lebenswerte Zukunft handeln können. Denn: »Was wir heute tun, entscheidet darüber, wie die Welt morgen aussieht.« (Marie von Ebner-Eschenbach)

Zum Schluss daher noch ein ganz persönlicher Appell an alle Leserinnen und Leser: Nehmen Sie das Heft in die Hand – und warten Sie nicht auf andere. Und lassen Sie sich nicht von den vielen angeblichen Argumenten gegen ein aktives Handeln verunsichern und aufhalten, die wir immer wieder zu hören bekommen:

- Der Einfluss Deutschland sei zu gering, um das Klima maßgeblich zu beeinflussen.
- Klimaschwankungen habe es schon immer gegeben, Klimawandel sei daher ganz natürlich.
- Für ein Gegensteuern sei es ohnehin schon zu spät.

Wie gesagt: Lassen Sie sich von negativen und pessimistischen Stimmen nicht beeindrucken und lähmen. Denn all diesen wissenschaftlich klar widerlegten Aussagen möchten wir nur eine einzige Frage entgegensetzen: Was passiert eigentlich, wenn wir jetzt nichts tun? Wenn wir einfach so weitermachen wie bisher? Für diesen Fall sagen die Klimamodelle einen Erderwärmungszielkorridor von 2,6 bis 2,9 °C voraus. Und in einer solchen Welt möchte, oder besser: kann niemand von uns mehr gut leben, bestenfalls vielleicht überleben.

Und es gibt sogar etwas Gutes in unserer aktuellen Situation: Wir können noch handeln und das Rad herumdrehen, wir müssen es nicht einmal neu erfinden. Setzen wir auf die Dynamik unseres Tuns. Und stecken wir andere damit an, in unserer Nachbarschaft, in unserer Wirtschaftsregion, in der ganzen Welt. Zeigen wir, dass die nachhaltige Transformation nicht nur messbar und wirksam ist, sondern dass sie sich auch lohnt. Gerade als rohstoffarmes Land können und müssen wir hier Innovationstreiber sein. An der Bereitschaft der Unternehmen, Deutschland wieder zu einem führenden Industriestandort zu machen, mangelt es auf jeden Fall nicht. Investieren wir also jetzt in den Wandel zu einem neuen

Wirtschaftsmodell, welches grüner und digitaler ist und dennoch Wachstum und Wohlstand verspricht. Und das trotz der teilweise widersprüchlichen Vorgaben und falschen Anreize seitens der Bundesregierung.

Klimakurve kriegen soll zeigen: Es sind auch die kleinen Schritte, die letztlich ans Ziel führen. Wir würden uns freuen, wenn unser Buch dazu beitragen könnte, »den Wald vor lauter Bäumen« wieder zu sehen. Es gibt viel zu tun, aber gemeinsam können wir alles erreichen.

Wir möchten an dieser Stelle den Menschen ein großes »Danke« sagen, die uns beim »Schreibprozess« begleitet und unterstützt haben. Dieses Buch wäre ohne die Fleißarbeit unseres professionellen Teams nicht zustande gekommen. Daher gilt unser Dank der Agentur Bloom, dem Redaktionsbüro Die Wortstatt, ebenso Sabrina Grüner, Kristiane Schill-Lange, Petra Dietz und Pilar Vatter für ihren unermüdlichen Einsatz. Ein besonderer Dank geht an unsere Familien, Heike und Jessica Blenke sowie Anna-Katharina, Josefine, Valentin und Elise Reisinger, die uns den Freiraum gegeben haben, das eine oder andere Wochenende an diesem Buch zu arbeiten. Last, but not least gilt unser besonderer Dank Friedrich Peter Wackler, der dieses Projekt mit vollem Herzen unterstützt hat.

Wir hoffen, unser Buch hat Ihnen, liebe Leserinnen und Leser, Anregungen, Ideen und vielleicht sogar den entscheidenden Antrieb gegeben, damit wir alle die Klimakurve noch kriegen.

Peter Blenke und Christian Reisinger

Glossar

Bundes-Klimaschutzgesetz

Mit dem Gesetz wurden 2019 zum ersten Mal die Klimaschutzziele Deutschlands festgelegt. Es sieht eine Minderung der Treibhausgasemissionen um mindestens 55 Prozent bis 2030 und eine Klimaneutralität bis 2050 vor. Für die einzelnen Sektoren Energie, Industrie, Gebäude, Verkehr, Landwirtschaft und Abfallwirtschaft gibt das Gesetz jeweils maximale Emissionsmengen vor.

CO_2-Äquivalente

Die bedeutendsten Treibhausgase in Deutschland sind Kohlenstoffdioxid (CO_2), Methan (CH_4), Lachgas (N_2O), Ozon (O_3) und Wasserdampf (H_2O). Damit nicht jedes Treibhausgas einzeln betrachtet werden muss, wird die Wirkung der verschiedenen Gase umgerechnet in die Wirkung, die CO_2 auf das Klima hat, und als CO_2-Äquivalente angegeben.

CO_2-Düngeeffekt

Durch eine erhöhte CO_2-Konzentration in der Atmosphäre beschleunigt sich theoretisch auch das Pflanzenwachstum. Dieser Effekt darf allerdings nicht überschätzt werden, da er immer auch mit negativen Folgen des veränderten Klimas einhergeht, sodass kein netto-positiver Effekt erzielt wird.

CO_2-Senken

Technologische Mechanismen oder natürliche Prozesse, die dazu beitragen können, CO_2 wieder aus der Atmosphäre zu entziehen und zu speichern.

Emissionen

Die von einer Quelle (Emittent) ausgehende Freisetzung von festen, flüssigen oder gasförmigen Stoffen in die Atmosphäre. Emissionen sind zum einen natürlichen Ursprungs (zum Beispiel durch vulkanische Aktivitäten, Waldbrände, Sümpfe, Permafrostböden) und werden zum anderen durch den Menschen verursacht (zum Beispiel Feinstaub, CO_2 unter anderem aus dem Verkehr und der Energieerzeugung oder Methan aus der Tierhaltung). Emissionen in der Erdatmosphäre, die die Energiebilanz der Erde beeinflussen und damit den sogenannten Treibhauseffekt bewirken, werden als Treibhausgase bezeichnet.

Energieträger

Stoffe oder Körper, in denen Energie mechanisch, thermisch, chemisch oder physikalisch gespeichert ist und die für die Energiegewinnung oder den Energietransport nutzbar gemacht werden können.

Klimaneutralität

Wird erreicht, wenn nur noch so viele Treibhausgase emittiert werden, wie durch die Natur oder andere CO_2-Senken aufgenommen werden können, und das Klima in Summe nicht mehr von menschlichen Aktivitäten beeinflusst wird.

Kohlendioxid-Speicherungsgesetz

Das Gesetz dient der Gewährleistung – zunächst bedeutet das die Erforschung, Erprobung und Demonstration – einer dauerhaften Speicherung von Kohlendioxid in unterirdischen Gesteinsschichten.

Kyoto-Protokoll

Das 2005 in Kraft getretene und 2020 ausgelaufene Abkommen der Vereinten Nationen stellte weltweit den ersten völkerrechtlich verbindlichen Vertrag zur Eindämmung des Klimawandels dar. Es schreibt vor, dass die Industriestaaten rund fünf Prozent weniger Treibhausgase emittieren sollen als noch im Jahr 1990.

Pariser Abkommen

Während der Weltklimakonferenz in Paris einigten sich am 12. Dezember 2015 195 Vertragsparteien – darunter auch Deutschland und die Europäische Union – darauf, ihren Treibhausgasausstoß zu verringern. Bei der ersten weltweiten Vereinbarung dieser Art wurden folgende Hauptziele vereinbart: die langfristige Beschränkung der Erderwärmung auf deutlich unter zwei Grad Celsius, möglichst auf 1,5 Grad Celsius im Vergleich zur vorindustriellen globalen Durchschnittstemperatur; die Senkung der Emissionen sowie die Anpassung an den Klimawandel; die Lenkung der Finanzmittel im Einklang mit Klimaschutzzielen sowie die Stärkung der Widerstandsfähigkeit gegen die Folgen des Klimawandels.

Photosynthese

Bei dem chemischen Prozess nehmen Pflanzen Licht, Wasser und CO_2 auf, um die Stoffe weiterzuverarbeiten und umzuwandeln. Dabei setzen sie neben Glucose (Zucker) auch den Sauerstoff frei, den wir Menschen und die Tiere zum Atmen benötigen.

Reboundeffekt

Das auch als Bumerangeffekt bezeichnete Phänomen, wenn bei der Durchführung einer Effizienzmaßnahme die theoretisch erwarteten Einsparpotenziale nicht erreicht werden. Der Reboundeffekt wird in der Regel als prozentuale Abweichung des tatsächlichen vom erwarteten Einspareffekt angegeben. Je größer die Differenz zwischen der zuvor erwarteten und der tatsächlichen Einsparung ausfällt, umso größer ist der Reboundeffekt.

Rezyklat

Auch als recyceltes Plastik bezeichneter, wiederverwerteter Kunststoff, der von Privathaushalten oder Gewerbetreibenden mindestens einmal entsorgt wurde und anschließend als Sekundärrohstoff für die Herstellung neuer Produkte genutzt wird.

Weltklimarat – Intergovernmental Panel on Climate Change

1988 gegründet, trägt die Einrichtung der Vereinten Nationen in Fachkreisen regelmäßig den aktuellen Kenntnisstand zum Klimawandel zusammen und bewertet ihn aus wissenschaftlicher Sicht. Der Weltklimarat erarbeitet Grundlagen für wissenschaftsbasierte Entscheidungen der Klimapolitik, indem er unterschiedliche Handlungsoptionen aufzeigt, ohne jedoch konkrete Lösungswege vorzuschlagen oder Handlungsempfehlungen zu geben.

Quellen

1 https://ag-energiebilanzen.de/energieverbrauch-faellt-2022-auf-niedrigsten-stand-seit-der-wiedervereinigung/

2 https://www.umweltbundesamt.de/daten/energie/primaerenergieverbrauch#definition-und-einflussfaktoren

3 https://www.bveg.de/die-branche/erdgas-und-erdoel-in-deutschland/erdoel-in-deutschland/

4 https://www.bdew.de/service/daten-und-grafiken/entwicklung-primaerenergieverbrauch/

5 https://www.destatis.de/DE/Themen/Laender-Regionen/Internationales/Thema/umwelt-energie/energie/ErneuerbareEnergie.html

6 https://de.statista.com/statistik/daten/studie/1292636/umfrage/struktur-der-stromerzeugung-in-norwegen/

7 https://www.umweltbundesamt.de/themen/klima-energie/energieversorgung/strom-waermeversorgung-in-zahlen

8 Deutsche Energie Agentur, in https://www.presseportal.de/pm/43338/1208607

9 https://www.economist.com/technology-quarterly/2023/04/05/the-electric-grid-is-about-to-be-transformed?utm_medium=social-media.content.np&utm_source=linkedin&utm_campaign=editorial-social&utm_content=discovery.content.evergreen

10 https://www.umweltbundesamt.de/daten/umwelt-wirtschaft/gesellschaftliche-kosten-von-umweltbelastungen. Zuletzt zugegriffen am 09.08.2023

11 https://www.diw.de/de/diw_01.c.827737.de/nachrichten/schluss_mit_den_gigantischen_subventionen_fuer_kohle__oel_und_gas.html

12 https://www.diw.de/de/diw_01.c.827737.de/nachrichten/schluss_mit_den_gigantischen_subventionen_fuer_kohle__oel_und_gas.html. Zuletzt überprüft am 02.07.2023

13 https://www.greenpeace.de/publikationen/greenpeace_hintergrund_solargeneration_fahrplan_1.pdf. Zuletzt zugegriffen am 09.08.2023

14 https://www.windbranche.de/windenergie-ausbau/deutschland. Zuletzt zugegriffen am 09.08.2023

15 https://www.windbranche.de/windenergie-ausbau/deutschland. Zuletzt zugegriffen am 09.08.2023

16 https://www.solarbranche.de/ausbau/deutschland/photovoltaik. Zuletzt zugegriffen am 09.08.2023

17 https://solar.htw-berlin.de/wp-content/uploads/HTW-Studie-Das-Berliner-Solarpotenzial.pdf. Zuletzt zugegriffen am 09.08.2023

18 https://www.bdew.de/media/documents/230420_BDEW-Strompreisanalyse_April_2023_20.04.2023.pdf. Zu-letzt zugegriffen am 09.08.2023

19 https://www.bmwk.de/Redaktion/DE/Pressemitteilungen/2022/11/20221111-geothermie-fuer-die-waermewende.html. Zuletzt zugegriffen am 09.08.2023

20 https://www.bmwk.de/Redaktion/DE/Textsammlungen/Energie/speichertechnologien.html. Zuletzt zugegriffen am 09.08.2023

21 https://www.zdf.de/verbraucher/wiso/blackout-in-deutschland--reale-gefahr-100.html. Zuletzt zugegriffen am 09.08.2023

22 https://www.umweltbundesamt.de/themen/klima-energie/energiesparen/energie-sparen-in-industrie-gewerbe#energieeinsparpotenziale. Zuletzt zugegriffen am 09.08,2023

23 https://deneff.org/wp-content/uploads/2023/04/HSNR-Kurzstudie-EnEffPotentiale-Industrie-2023-03-31.pdf. Zuletzt zugegriffen am 09.08.2023

24 https://www.umweltbundesamt.de/themen/klima-energie/energiesparen/energiesparen-in-industrie-gewerbe#energieeinsparpotenziale. Zuletzt zugegriffen am 09.08.2023

25 https://www.geo.de/natur/oekologie/7010-rtkl-interview-wie-gruen-ist-oekostrom-wirklich. Zuletzt zugegriffen am 09.08.2023

26 https://www.verivox.de/gas/nachrichten/gaspreise-fuer-haushalte-binnen-jahresfrist-fast-verdreifacht-1119626/

27 https://www.mvv.de/strom/ratgeber/eu-energielabel-und-lebensdauer-von-elektrogeraeten-warum-billig-oft-teurer-ist. Zuletzt zugegriffen am 06.08.2023

28 https://www.energieheld.de/blog/energie/stromverbrauch-1-alte-vs-neue-kuhlschranke. Zuletzt zugegriffen am 06.08.2023

29 https://www.sfc.com/glossar/dampfreformierung/#:~:text=Funktionsweise%20 der%20Dampfreformierung,zwischen%2025%20und%2030%20bar.

30 https://www.klimaschutz-industrie.de/themen/klimaschutz-in-der-industrie/. Zuletzt zugegriffen am 25.07.023

31 https://www.wwf.de/fileadmin/fm-wwf/Publikationen-PDF/Klima/WWF-Klimaschutz-in-der-Industrie-2021.pdf, S.12. Zuletzt zugegriffen am 25.07.023

32 https://www.wwf.de/themen-projekte/klima-energie/klimaschutz-und-energiewende-in-deutschland/klimaschutz-in-der-industrie. Zuletzt zugegriffen am 24.07.2023

33 https://www.dstgb.de/themen/klimaschutz-und-klimaanpassung/aktuelles/ treibhausgasemissionen-sind-2021-um-4-5-prozent-gestiegen/. Zuletzt zugegriffen am 23.07.2023

34 https://www.umweltbundesamt.de/bild/tab-emissionsentwicklung-sektorziele-fuer-2022-2030. Zuletzt zugegrif-fen am 24.07.2023

35 https://www.bmuv.de/media/infografiken-zur-klimabilanz. Zuletzt zugegriffen am 24.07.2023

36 CSR steht für »Corporate Social Responsibility«

37 https://www.csr-in-deutschland.de/DE/CSR-Allgemein/CSR-Politik/CSR-in-der-EU/Corporate-Sustainability-Reporting-Directive/corporate-sustainability-reporting-directive-art.html. Zuletzt zugegriffen am 19.07.2023

38 https://www.wwf.de/fileadmin/fm-wwf/Publikationen-PDF/Klima/WWF-Klimaschutz-in-der-Industrie-2021.pdf, S. 13. Zuletzt zugegriffen am 19.07.2023

39 https://www.bmbf.de/bmbf/shareddocs/kurzmeldungen/de/wissenswertes-zu-gruenem-wasserstoff.html. Zuletzt zugegriffen am 27.07.2023

40 https://static.agora-energiewende.de/fileadmin/Projekte/2018/ Dekarbonisierung_Industrie/164_A-EW_Klimaneutrale-Industrie_Studie_ WEB.pdf- Zuletzt zugegriffen am 19.07.2023

41 https://perspectives.se.com/supply-chain-decarbonization/schneider-electric-best-global-sustainable-supply-chain. Zuletzt zugegriffen am 19.07.2023

42 https://www.handelsblatt.com/unternehmen/nachhaltigkeit/kreislaufwirtschaft-rohstoff-muell-die-800-milliarden-euro-chance-der-industrie/27751730.html. Zuletzt zugegriffen am 19.07.2023

43 https://de.statista.com/statistik/daten/studie/312602/umfrage/umsatzanteile-der-produktgruppen-an-apples-gesamtumsatz-nach-quartalen/. Zuletzt zugegriffen am 07.08.2023

44 https://www.wwf.de/themen-projekte/landwirtschaft/bioenergie/bioplastik. Zuletzt zugegriffen am 07.08.2023

45 https://www.oecd.org/berlin/presse/oecd-erwartet-bis-2060-nahezu-verdreifachung-der-kunststoffabfaelle-weltweit.htm. Zuletzt überprüft am 07.08.2023

46 https://www.tagesschau.de/wirtschaft/verbraucher/energie-sanierung-klimaziele-klimaneutral-mieten-energiesparen-wohnungen-haeuser-101.html#:~:text=%22Jedes%20Jahr%20werden%20nur%20rund,etwas%20mehr%20als%20einem%20Prozent. Zuletzt zugegriffen am 11.07.2023

47 https://www.bmwk.de/Redaktion/DE/Publikationen/Klimaschutz/gebaeudestrategie-klimaneutralitaet-2045.pdf?__blob=publicationFile&v=6

48 https://www.co2online.de/modernisieren-und-bauen/heizung/heizungsarten-im-vergleich/ Zuletzt zugegriffen am 12.07.2023

49 https://www.destatis.de/DE/Presse/Pressemitteilungen/2023/06/PD23_N034_31121.ht. Zuletzt zugegriffen am 12.07.2023

50 https://www.haufe.de/immobilien/wohnungswirtschaft/dena-leitstudie-aufbruch-klimaneutralitaet_260_540028.htmlF. Zuletzt zugegriffen am 24.07.2023

51 https://www.bmwk.de/Redaktion/DE/Pressemitteilungen/2023/04/20230419-bundeskabinett-beschliesst-novelle-des-gebaeudeenergiegesetzes.html. Zuletzt zugegriffen am 13.07.2023

52 https://www.anwalt.org/zwangssanierung/ Zuletzt zugegriffen am 18.07.2023

53 https://www.sueddeutsche.de/stil/wohnen-eu-parlament-fuer-sanierungspflicht-bei-alten-gebaeuden-dpa.urn-newsml-dpa-com-20090101-230314-99-943660. Zuletzt zugegriffen am 18.07.2023

54 https://foerderdata.de/heizungsgesetz-neues-geg-mit-neuen-regeln-zu-heizungseinbau-und-heizungsfoerderung/ Zuletzt zugegriffen am 18.07.2023

55 https://www.bdew.de/media/documents/BDEW_THG-Minderung2030_final.pdf. Zuletzt zugegriffen am 18.07.2023

56 https://www.haufe.de/immobilien/wohnungswirtschaft/dena-leitstudie-aufbruch-klimaneutralitaet_260_540028.html. Zuletzt zugegriffen am 17.07.2023

57 https://www.handelsblatt.com/finanzen/nachhaltige-baustoffe-das-sind-die-vorteile-der-oekologischen-alternativen-fuer-beton/28378902.html. Zuletzt zugegriffen am 18.07.2023

58 https://www.dgnb.de/de. Zuletzt zugegriffen am 17.07.2023

59 https://www.dgnb.de/de. Zuletzt zugegriffen am 17.07.2023

60 https://www.bmwk.de/Redaktion/DE/Publikationen/Klimaschutz/gebaeudestrategie-klimaneutralitaet-2045.pdf?__blob=publicationFile&v=6. Zuletzt zugegriffen am 25.07.2023

61 https://www.haufe.de/immobilien/wohnungswirtschaft/dena-leitstudie-aufbruch-klimaneutralitaet_260_540028.htmlF. Zuletzt zugegriffen am 24.07.2023

62 https://solarwissen.selfmade-energy.com/solaranlage-photovoltaik-solarthermie-wo-liegt-der-unterschied/?referral=9889f2d7-9f46-49fa-8174-eed97c594fc3&goo-ads_campaign-ID=19744229668&goo-ads_adgroup-ID=&gad=1&gclid=Cj0KCQjw1rqkBhCTARIsAAHz7K0ksInZSP3mKNe_AC-Qh4wYwLBzbgWhYRKhBv_z_O1q6T1EFspJToPUaAmyWEALw_wcB. Zuletzt zugegriffen am 18.07.2023

63 https://www.umweltbundesamt.de/daten/verkehr/emissionen-des-verkehrs#pkw-fahren-heute-klima-und-umweltvertraglicher. Zuletzt zugegriffen am 11.07.2023

64 https://www.agora-verkehrswende.de/presse/newsuebersicht/verkehrssektor-verfehlt-2022-erneut-klimaziel/. Zuletzt zugegriffen am 11.07.2023

65 https://www.auto-motor-und-sport.de/verkehr/fahrzeugbestand-2022-knapp-ueber-60-millionen/

66 https://www.adac.de/news/neuzulassungen-kba/

67 https://www.focus.de/auto/elektroauto/nicht-einmal-700-000-elektroautos-rollen-auf-deutschlands-strassen_id_184011343.html. Zuletzt zugegriffen am 11.07.2023

68 https://www.adac.de/verkehr/tanken-kraftstoff-antrieb/alternative-antriebe/alternative-antriebe-uebersicht/. Zuletzt zugegriffen am 11.07.2023

69 https://www.presseportal.de/pm/32102/4932267#:~:text=Davon%20gingen%20740%20000%20Tonnen%20auf%20das%20Konto,das%20entsprach%20einem%20Anteil%20von%20knapp%208%20%25. Zuletzt zugegriffen am 11.07.2023

70 https://www.sciencemediacenter.de/alle-angebote/research-in-context/details/news/aktuelle-studie-zur-dekarbonisierung-des-luftverkehrs/. Zuletzt zugegriffen am 13. 06.2023.

71 https://www.allianz-proschie-ne.de/themen/gueterverkehr/#:~:text=Die%20 Verkehrsleistung%20des%20G%C3%BCterverkehrs%20in,von%20A%20nach%20 B%20gebracht. Zuletzt zugegriffen am 13.06.23.

72 https://nachhaltigkeit.deutschebahn.com/de/massnahmen/ice. Zuletzt zugegriffen am 11.07.23.

73 https://www.vdv.de/daten-fak-ten.aspx#:~:text=Rund%207%2C1%20 Milliarden%20Fahrg%C3%A4ste,der%20VDV%2DMitgliedsunternehmen%20 in%20Deutschland. Zuletzt zugegriffen am 13.07.2023.

74 https://focus-mobility.de/magazin/mehr-als-zehn-millionen-e-bikes-deutschland#:~:text=Boom%20bei%20E%2DMountainbikes%20und%20 E%2DCargobikes,-Ein%20gro%C3%9Fer%20Gewinner&text=Insgesamt%20 wurden%20836000%20St%C3%BCck%20verkauft,%E2%80%9EWeniger%20 ist%20mehr. Zuletzt zugegriffen am 11.07.2023

75 https://www.umweltbundesamt.de/presse/pressemitteilungen/tempolimit-auf-autobahnen-mindert-co2-emissionen

76 https://www.umweltbundesamt.de/presse/pressemitteilungen/tempolimit-auf-autobahnen-mindert-co2-emissionen

77 Stefan, Carsten (2020): Mobility Report 2021. Zukunftsinstitut

78 https://www.isi.fraunhofer.de/content/dam/isi/dokumente/sustainability-innovation/2019/WP02-2019_Treibhausgasemissionsbilanz_von_Fahrzeugen.pdf

79 https://www.nabu.de/natur-und-landschaft/landnutzung/landwirtschaft/ klimaschutz/25508.html. Zuletzt zugegriffen am 05.07.2023

80 https://www.fian.de/wp-content/uploads/2021/06/fs2012-10_Klima_LW_f inal_screen.pdf. Zuletzt zugegriffen am 23.06.2023

81 https://www.umweltbundesamt.de/themen/landwirtschaft/landwirtschaft-umweltfreundlich-gestalten/klimaschutz-in-der-landwirtschaft#emissionen-aus-dem-sektor-landwirtschaft. Zuletzt zugegriffen am 23.06.2023

82 https://www.umweltbundesamt.de/daten/land-forstwirtschaft/beitrag-der-landwirtschaft-zu-den-treibhausgas#treibhausgas-emissionen-aus-der-landwirtschaft. Zuletzt zugegriffen am 23.06.2023

83 https://www.bmel.de/DE/themen/landwirtschaft/klimaschutz/landwirtschaft-und-klimaschutz.html. Zuletzt zugegriffen am 05.06.2023

84 https://greenly.earth/en-us/blog/ecology-news/global-food-waste-in-2022, Zuletzt zugegriffen am 23.06.2023

85 https://www.fao.org/3/i3347e/i3347e.pdf. Zuletzt zugegriffen am 23.06.2023

86 https://www.destatis.de/Europa/DE/Thema/GreenDeal/GreenDeal.html.
Zuletzt zugegriffen am 23.06.2023

87 https://www.fian.de/wp-content/uploads/2021/06/fian_Jahresthema_Faltblatt_
8er_Nachdruck_2019-NEU_Web.pdf. Zuletzt zugegriffen am 23.06.2023

88 https://www.worldbank.org/en/news/feature/2022/10/17/what-you-need-
to-know-about-food-security-and-climate-change. Zuletzt zugegriffen am
28.06.2023

89 https://www.bmel.de/DE/themen/landwirtschaft/klimaschutz/landwirtschaft-
und-klimaschutz.html#:~:text=Bis%202030%20will%20Deutschland%20
den,auch%20verbindliche%20jährliche%20Zwischenziele%20festgesetzt.
Zuletzt zugegriffen am 23.06.2023

90 https://www.umweltbundesamt.de/themen/landwirtschaft/landwirtschaft-
umweltfreundlich-gestalten/klimaschutz-in-der-landwirtschaft#emissionen-aus-
dem-sektor-landwirtschaft. Zuletzt zugegriffen am 23.06.2023

91 https://www.ncbi.nlm.nih.gov/pmc/articles/PMC6780873/#:~:text=The%20
soil%20contributes%20to%20the,rhizosphere%20and%20the%20human%20
intestine. Zuletzt zugegriffen am 24.06.2023

92 https://hypersoil.uni-muenster.de/0/06/03.htm.
Zuletzt zugegriffen am 28.06.2023

93 https://www.sciencedirect.com/topics/agricultural-and-biological-sciences/
arable-land. Zuletzt zugegriffen am 28.06.2023

94 https://data.worldbank.org/indicator/AG.LND.ARBL.ZS.
Zuletzt zugegriffen am 28.06.2023

95 https://www.topagrar.com/acker/aus-dem-heft/passende-fruchtfolgen-fuer-ihren-
standort-9653019.html. Zuletzt zugegriffen am 28.06.2023

96 https://www.fian.de/wp-content/uploads/2021/06/fs2012-10_Klima_LW_
final_screen.pdf. Zuletzt zugegriffen am 28.06.2023

97 https://www.fian.de/wp-content/uploads/2021/06/fs2012-10_Klima_LW_
final_screen.pdf. Zuletzt zugegriffen am 28.06.2023

98 https://www.bmel.de/SharedDocs/Downloads/DE/Broschueren/daten-
fakten-2022.pdf?__blob=publicationFile&v=8#:~:text=Die%20landwirtschaftli-
chen%%2020Betriebe%20in%20Deutschland,und%201%2C2%20%25%20
Dauerkulturen. Zuletzt zugegriffen am 23.06.2023

99 https://de.wikipedia.org/wiki/Liste_von_Staaten_und_Territorien_nach_Fläche Zuletzt zugegriffen am 23.06.2023

100 https://www.bmel.de/DE/themen/landwirtschaft/oekologischer-landbau/oekolo-gischer-landbau_node.html#:~:text=Legislaturperiode%20ist%20das%20Ziel%20 %20vereinbart,landwirtschaftlichen%20Fläche%20in%20Deutschland%20auszu-weiten. Zuletzt zugegriffen am 23.06.2023

101 https://www.deutschland.de/de/topic/umwelt/landwirtschaft-in-deutschland-zehn-fakten. Zuletzt zugegriffen am 12.06.2023

102 https://besjournals.onlinelibrary.wiley.com/doi/full/10.1002/pan3.10080. Zuletzt zugegriffen am 23.06.2023

103 https://www.welthungerhilfe.de/informieren/themen/laendliche-entwicklung-foerdern/bodendegradation#c48062. Zuletzt zugegriffen am 28.06.2023

104 https://www.mdpi.com/2071-1050/11/15/4110. Zuletzt zugegriffen am 28.06.2023

105 https://www.tandfonline.com/doi/abs/10.1016/S1573-5214%2809%2980001-8. Zuletzt zugegriffen am 28.06.2023

106 https://onlinelibrary.wiley.com/doi/10.1111/1477-9552.12535. Zuletzt zugegriffen am 23.06.2023

107 https://www.unep.org/news-and-stories/press-release/our-global-food-system-primary-driver-biodiversity-loss. Zuletzt zugegriffen am 28.06.2023

108 https://www.zurich.com/en/media/magazine/2021/food-for-thought-what-biodiversity-means-to-you#:~:text=Put%20simply%2C%20less%20 biodiversity%20%20means,feed%20our%20ever-growing%20population. Zuletzt zugegriffen am 28.06.2023

109 https://www.wwf.de/themen-projekte/fluesse-seen/wasserverbrauch/ wasser-verschwendung

110 https://correctiv.org/aktuelles/klimawandel/2023/02/02/wasser-konsum-der-landwirtschaft-unterschaetzt/

111 https://www.fian.de/wp-content/uploads/2021/06/fs2012-10_Klima_LW_ final_screen.pdf

112 https://www.eurogroupforanimals.org/news/beef-production-drives-deforestation-five-times-more-any-other-sector. Zuletzt zugegriffen am 28.06.2023

113 https://onlinelibrary.wiley.com/doi/full/10.1111/joim.12543.
Zuletzt zugegriffen am 28.06.2023

114 https://nutritionj.biomedcentral.com/articles/10.1186/s12937-020-00604-1.
Zuletzt zugegriffen am 28.06.2023

115 https://www.nature.com/articles/s41467-018-05956-1#:~:text=and%20de%20
Ponti%20et%20al,compared%20to%20conventionally%20managed%20fields.
Zuletzt zugegriffen am 23.06.2023

116 https://www.fian.de/wp-content/uploads/2021/06/fian_Jahresthema_Falt-
blatt_8er_Nachdruck_2019-NEU_Web.pdf. Zuletzt zugegriffen am 23.06.2023

117 https://www.mdr.de/wissen/landwirtschaft-zukunft-technik-statt-oeko-100.html.
Zuletzt zugegriffen am 23.06.2023

118 https://www.theguardian.com/environment/2022/dec/07/false-food-solutions-
experts-climate-cop27. Zuletzt zugegriffen am 24.06.2023

119 https://soilify.org/magazin/die-5-prinzipien-der-regenerativen-landwirtschaft/.
Zuletzt zugegriffen am 23.06.2023

120 https://link.springer.com/article/10.1007/s40974-017-0074-7.
Zuletzt zugegriffen am 29.06.2023

121 https://www.bund.net/themen/landwirtschaft/eu-agrarpolitik/.
Zuletzt zugegriffen am 20.06.2023

122 https://www.weltagrarbericht.de/fileadmin/pics/weltagrarbericht/EU_GRUENE_
Landgrab_web.pdf. Zuletzt zugegriffen am 23.06.2023

123 https://www.agrarheute.com/markt/marktfruechte/bodenpreise-europa-
ackerpreise-steigen-immer-fakten-592729. Zuletzt zugegriffen am 23.06.2023

124 https://www.mdpi.com/2071-1050/15/5/4546. Zuletzt zugegriffen am 28.06.2023

125 https://www.sciencedirect.com/science/article/abs/pii/S1364032120309783.
Zuletzt zugegriffen am 12.06.2023

126 https://www.umweltbundesamt.de/themen/abfall-ressourcen/abfallwirtschaft/
abfallvermeidung/lebensmittelabfaelle#datenerhebung-von-lebensmittelabfalle-
nin-deutschland. Zuletzt zugegriffen am 26.06.2023

127 https://www.thuenen.de/media/publikationen/thuenen-report/Thuenen-
Report_73_Vol1.pdf. Zuletzt zugegriffen am 23.06.2023

128 https://www.mdpi.com/2071-1050/10/7/2228. Zuletzt zugegriffen am 24.06.2023

129 https://www.sciencedirect.com/science/article/pii/S0378377421001372.
Zuletzt zugegriffen am 06.06.2023

130 https://www.un.org/en/climatechange/science/climate-issues/food
Zuletzt zugegriffen am 24.06.2023

131 https://earth.org/veganism-land-use/#:~:text=Researchers%20at%20the%20
University%20of,deforestation%20would%20fall%20by%2094%25.
Zuletzt zugegriffen am 24.06.2023

132 https://climatepositions.com/reduce-greenhouse-gas-emissions-eat-insects-
instead-of-meat/#:~:text=With%20regard%20to%20greenhouse%20gas,
clearly%20%20illustrates%20the%20huge%20perspectives.
Zuletzt zugegriffen am 26.06.2023

133 https://www.mdpi.com/1660-4601/19/2/853. Zuletzt zugegriffen am 26.06.2023

134 https://www.sciencedirect.com/science/article/abs/pii/S2352550917300635.
Zuletzt zugegriffen am 26.06.2023

135 https://www.nature.com/articles/s41467-019-12622-7#:~:text=
National%20GHG%20emissions&text=3c)%20production%20are%20smaller%20
for,al.%27s%20study14. Zuletzt zugegriffen am 26.06.2023

136 https://www.mdpi.com/2071-1050/11/3/801. Zuletzt zugegriffen am 12.06.2023

137 https://www.bmz.de/de/service/lexikon/klimaabkommen-von-paris-14602.
Zuletzt zugegriffen am 20.07.2023

138 https://www.frontiersin.org/articles/10.3389/fclim.2022.810343/full.
Zuletzt zugegriffen am 07.07.2023

139 https://www.cell.com/joule/pdf/S2542-4351(21)00301-9.pdf.
Zuletzt zugegriffen am 07.07.2023

140 https://www.frontiersin.org/articles/10.3389/fclim.2022.810343/full.
Zuletzt zugegriffen am 07.07.2023

141 https://www.cell.com/joule/pdf/S2542-4351(21)00301-9.pdf.
Zuletzt zugegriffen am 07.07.2023

142 https://www.bfn.de/oekosystemleistungen-0. Zuletzt zugegriffen am 07.07.2023

143 https://www.umweltbundesamt.de/sites/default/files/medien/378/publikationen/bodenzustand_in_deutschland_0.pdf. Zuletzt zugegriffen am 07.07.2023

144 https://www.boell.de/de/2023/01/10/trockengelegte-moore-so-viele-emissionen-wie-der-gesamte-deutsche-flugverkehr. Zuletzt zugegriffen am 07.07.2023

145 https://www.bfn.de/oekosystemleistungen-0. Zuletzt zugegriffen am 07.07.2023

146 https://www.frontiersin.org/articles/10.3389/fclim.2022.756013/full. Zuletzt zugegriffen am 07.07.2023

147 https://www.co2online.de/service/klima-orakel/beitrag/wie-viele-baeume-braucht-es-um-eine-tonne-co2-zu-binden-10658/#:~:text=Pro%20Jahr%20%20bindet%20eine%20Buche,durch%20Bäume%20wieder%20zu%20kompensieren. Zuletzt zugegriffen am 07.07.2023

148 https://www.visualcapitalist.com/sp/visualizing-carbon-storage-in-earths-ecosystems/

149 https://climate-adapt.eea.europa.eu/de/metadata/adaptation-options/afforestation-and-reforestation-as-adaptation-opportunity?set_language=de. Zuletzt zugegriffen am 07.07.2023

150 https://news.mongabay.com/2017/11/carbon-sequestration-role-of-savanna-soils-key-to-climate-goals/. Zuletzt zugegriffen am 07.07.2023

151 https://worldoceanreview.com/de/wor-1/meer-und-chemie/kohlendioxidspeicher/. Zuletzt zugegriffen am 07.07.2023

152 https://www.awi.de/im-fokus/ozeanversauerung/ozeanversauerung-der-boese-zwilling-der-klimaerwaermung.html. Zuletzt zugegriffen am 08.07.2023

153 https://ecooptimist.de/geoengineering/ozeanduengung/. Zuletzt zugegriffen am 07.07.2023

154 https://www.geomar.de/news/article/ozeanduengung-ein-umstrittener-ausweg-aus-dem-klimawandel. Zuletzt zugegriffen am 07.07.2023

155 https://4p1000.org/discover/?lang=en. Zuletzt zugegriffen am 07.07.2023

156 https://www.sciencedirect.com/science/article/abs/pii/S0016706119324450. Zuletzt zugegriffen am 07.07.2023

157 https://www.sciencedirect.com/science/article/abs/pii/S0016706119324450. Zuletzt zugegriffen am 07.07.2023

158 https://www.frontiersin.org/articles/10.3389/fpls.2022.929457/full#:~:text=
Enhanced%20weathering%20is%20a%20proposed,silicate%20rocks%20to%20
agricultural%20soils. Zuletzt zugegriffen am 08.07.2023

159 https://onlinelibrary.wiley.com/doi/abs/10.1002/jpln.201400058.
Zuletzt zugegriffen am 07.07.2023

160 https://www.dena.de/fileadmin/dena/Publikationen/PDFs/2021/211005_DLS_
Gutachten_Prognos_final.pdf. Zuletzt zugegriffen am 07.07.2023

161 https://www.frontiersin.org/articles/10.3389/fclim.2022.810343/full.
Zuletzt zugegriffen am 07.07.2023

162 https://www.frontiersin.org/articles/10.3389/fclim.2022.810343/full.
Zuletzt zugegriffen am 07.07.2023

163 https://www.bgr.bund.de/DE/Themen/Nutzung_tieferer_Untergrund_CO-
2Speicherung/Downloads/faktenblatt-wo-kann-co2-gespeichert-werden.pdf?__
blob=publicationFile&v=2. Zuletzt zugegriffen am 07.07.2023

164 https://www.mdpi.com/1996-1073/15/10/3597.
Zuletzt zugegriffen am 07.07.2023

165 https://de.statista.com/statistik/daten/studie/162203/umfrage/zementverbrauch-
in-deutschland-seit-1958/#:~:text=Im%20Jahr%202021%20wurden%20in,1%20
Millionen%20Tonnen%20Zement%20verbraucht.
Zuletzt zugegriffen am 07.07.2023

166 Eigene Berechnung nach: https://www.vdz-online.de/zementindustrie/
klimaschutz/uebersicht. Zuletzt zugegrif-fen am 07.07.2023

167 https://www.sciencedirect.com/science/article/pii/S1876610217318878.
Zuletzt zugegriffen am 07.07.2023

168 https://www.ipcc.ch/report/ar6/syr/downloads/report/IPCC_AR6_SYR_SPM.
pdf. Zuletzt zugegriffen am 07.07.2023

169 https://www.umweltbundesamt.de/themen/wasser/gewaesser/grundwasser/
nutzung-belastungen/carbon-capture-storage. Zuletzt zugegriffen am 07.07.2023

170 https://www.gesetze-im-internet.de/kspg/BJNR172610012.html#BJNR1726100
12BJNG000300000. Zuletzt zuge-griffen am 07.07.2023

171 https://www.catf.us/2023/03/europes-net-zero-industry-act-what-does-mean-
carbon-capture-storage/. Zuletzt zugegriffen am 07.07.2023

172 https://www.frontiersin.org/articles/10.3389/fclim.2021.672996/full. Zuletzt zugegriffen am 07.07.2023

173 https://www.dena.de/fileadmin/dena/Publikationen/PDFs/2021/211005_DLS_Gutachten_Prognos_final.pdf. Zuletzt zugegriffen am 07.07.2023

174 https://www.frontiersin.org/articles/10.3389/fclim.2022.756013/full. Zuletzt zugegriffen am 07.07.2023

175 https://www.klimareporter.de/landwirtschaft/das-torf-tabu. Zuletzt zugegriffen am 07.07.2023

176 https://www.quarks.de/umwelt/darum-solltest-du-torffreie-blumenerde-kau-fen/#:~:text=Torf%20ist%20eine%20braune%2C%20schlammige,Hause%20ein%20Großteil%20der%20Klimagase. Zuletzt zugegriffen am 07.07.2023

177 Eigene Berechnung nach https://e-docs.geo-leo.de/bitstream/handle/11858/7349/TELMA%2037%20%282007%29%20Höper.pdf?sequence=1&isAllowed=y. Zuletzt zugegriffen am 07.07.2023

178 https://taz.de/Klimaschutz-Plan-der-Umweltministerin/!5875106/. Zuletzt zugegriffen am 07.07.2023

179 https://presto-humus.de/de/nachhaltigkeit/torffrei/. Zuletzt zugegriffen am 07.07.2023

Über die Autoren

Peter Blenke, Jurist und Betriebswirt, ist CEO der Wackler Holding, eines bundesweit führenden Dienstleistungsunternehmens für Facility-Management, Personalservice sowie Klimaschutz und Nachhaltigkeit. Sein Engagement für Klima- und Umweltschutz hat ihn zum Praxisexperten für die nachhaltige Transformation der mittelständischen Wirtschaft gemacht. Er ist Mitglied der Deutschen Gesellschaft Club of Rome und Träger des B.A.U.M.-Umweltpreises 2022. Seit über 20 Jahren ist er als Autor von Sachbüchern zu Branchen- und Umweltthemen aktiv.

Christian Reisinger ist promovierter Wirtschafts- und Sozialwissenschaftler und Experte für nachhaltige Transformation. Nach mehr als zehn Jahren in der CSR-Beratung ist er seit 2020 Geschäftsführer der ConClimate in München und begleitet dort Unternehmen im Bereich ESG-Management und digitale Nachhaltigkeit. Er ist Autor und Speaker mit Schwerpunkt an der Schnittstelle zwischen den Themen Nachhaltigkeit und Digitalisierung.